JULES GUILLEMOT

L'ÉVOLUTION

DE

L'IDÉE DRAMATIQUE

CHEZ LES MAITRES DU THÉATRE

DE CORNEILLE A DUMAS FILS

*Ouvrage couronné par l'Association professionnelle
de la Critique Dramatique et Musicale
à son premier Concours biennal en 1908.*

Librairie académique PERRIN et Cⁱᵉ

L'ÉVOLUTION
DE
L'IDÉE DRAMATIQUE

Copyright by Perrin and C° 1910

JULES GUILLEMOT

L'ÉVOLUTION DE L'IDÉE DRAMATIQUE

CHEZ LES MAITRES DU THÉATRE

DE CORNEILLE A DUMAS FILS

OUVRAGE COURONNÉ PAR L'ASSOCIATION PROFESSIONNELLE
DE LA CRITIQUE DRAMATIQUE ET MUSICALE
A SON PREMIER CONCOURS BIENNAL EN 1908

PARIS
LIBRAIRIE ACADÉMIQUE
PERRIN ET Cⁱᵉ, LIBRAIRES-ÉDITEURS
35, QUAI DES GRANDS-AUGUSTINS, 35
1910

Tous droits de reproduction et de traduction réservés pour tous pays.

À mes Amis et Confrères

de la Critique Dramatique et Musicale,

je dédie ce livre

qu'ils ont bien voulu récompenser.

J. G.

Il est constant qu'il y a des préceptes, puisqu'il y a un art; mais il n'est pas constant quels ils sont.

PIERRE CORNEILLE.
(Discours sur l'Art dramatique.)

Les exigences dramatiques, que certains jeunes appellent des conventions, quand ils ne savent pas s'en servir...

ALEXANDRE DUMAS FILS.
(Préface du *Théâtre des Autres.*)

PRÉFACE

Tout art a son enseignement et connaît des *enseigneurs*. Nous avons des cours d'architecture et de sculpture. Le peintre arrivé réunit des élèves dans son atelier et les fait profiter du fruit de son expérience. Le comédien parvenu donne des leçons de déclamation. Il y a, pour les femmes, des cours de coupe et de couture, voire de cuisine. On prétend même qu'en cherchant dans des coins obscurs et cachés, on pourrait trouver des professeurs spéciaux, qui enseignent l'art de débarrasser charitablement le prochain des objets encombrants dont ses poches sont alourdies.

A cette règle universelle l'art dramatique fait exception. Je ne sache pas qu'un auteur dramatique autorisé ait jamais eu l'idée de livrer ses secrets à des confrères débutants. Il serait pourtant bien intéressant, après avoir applaudi une belle œuvre, de savoir comment et en vertu de quels principes elle a été conçue et composée. C'est ce que j'ai tâché de rechercher en m'attachant aux rares explications données par les maîtres de l'art.

Malheureusement, les grands artistes, les grands écrivains n'ont pas toujours des idées théoriques bien nettes. Il y a des génies instinctifs qui obéissent, dans le feu de l'inspiration, à des lois qu'il ne leur serait pas toujours possible de formuler. L'élan fougueux de leur essor s'accorde mal avec la sûreté du jugement, et on ne voit pas toujours la faculté de créer, cohabiter, dans le même cerveau, avec l'esprit critique. C'est parfois aux simples hommes de talent, d'inspiration plus calme et plus froide, qu'il appartient de raisonner leurs œuvres.

Aussi, s'il est intéressant de rechercher, dans les notices ou préfaces des plus grands écrivains dramatiques, les principes qui ont guidé leurs travaux et inspiré leurs créations, s'il est curieux d'interroger ces pages d'à côté, pour mettre ce que l'auteur a voulu faire en regard de ce qu'il a fait, il est une chose qu'il ne faut pas nous dissimuler : c'est que ces avant-propos, intéressants toujours, ne le seront pas toujours proportionnellement à l'intérêt même de l'œuvre qu'ils accompagnent. Les préfaces de Beaumarchais sont plus suggestives que celles de Molière.

C'est ainsi que nous verrons aussi s'accuser une différence entre le xviie siècle et le xixe. « A bon vin point d'enseigne », disait la naïveté de nos pères. La très grande œuvre, c'est « le bon vin » : elle n'a besoin ni de préparation ni de commentaire; elle se défend d'elle-même. Le *Misanthrope* n'a pas de préface ; et si le *Tartuffe* en a une, cela tient aux circonstances particulièrement militantes dans lesquelles l'œuvre est née. Shakespeare ignore ces préparations : ses drames lui semblent sans doute assez revêtus et cuirassés de leur beauté, pour s'offrir à nous tout nus. Tout au plus présentent-ils des prologues, qu'on aimerait mieux même n'y pas rencontrer. Quant aux idées du poète sur l'art et la littérature, il faut que nous les pénétrions nous-mêmes à travers ses œuvres, sauf, d'ailleurs, à noter, çà et là, au cours de ces œuvres mêmes, quelques épigrammes jetées par l'illustre écrivain aux méchants poètes de son temps, et qui nous ouvrent une perspective passagère sur ses préférences littéraires.

Cela soit dit, en passant, d'un poète qui est un peu de tous les pays, étant universel. Autrement, ce n'est pas de la littérature anglaise que je parle, et la France suffira à nous occuper. Les écrivains du grand siècle — qu'on me passe le mot, il est et sera toujours de mise — ne font précéder leurs œuvres que de courtes notices explicatives ou justificatives. La seule préface de quelque importance, ce sera celle que j'ai déjà citée : la préface du *Tartuffe*, justifiée, je l'ai dit, par toute la polémique que cette comédie militante avait soulevée, et non moins par la reconnaissance que Molière pouvait ici, sans nulle courtisanerie, témoigner à Louis XIV.

A partir de là, il faut franchir plus d'un siècle pour trouver une page qui compte ; mais celle-là, en revanche, aura à nous occuper sérieusement ; car elle porte en germe toute une révolution littéraire. Je veux parler de la préface tapageuse du *Barbier de Séville*. Le document, cette fois, est si important que, s'il ne subsistait rien autre de Beaumarchais, il suffirait encore à nous révéler l'homme, qu'on y retrouve tout entier; Beaumarchais, l'un des pères du xix° siècle, et de qui, notamment, Dumas fils procède plus directement, dans l'ordre intellectuel, qu'il n'est issu de Dumas père.

Dans le théâtre du xix° siècle, les avant-propos apparaissent solennels, pompeux, pleins de prétentions littéraires, ou même sociales, et de nature à donner la plus grande idée des œuvres, si l'œuvre ne venait, parfois, démentir l'idée donnée par la préface. Nous trouverons là le grand manifeste du romantisme, la fameuse préface de *Cromwell*, qui se perd si haut dans les nues que nul ne peut l'y suivre, où les idées se heurtent, se pressent et se contredisent, où l'histoire du théâtre part des temps préhistoriques pour pénétrer dans l'avenir le plus lointain, et qui nous fait tout connaître, enfin, hors peut-être ce que nous voudrions savoir.

Passons donc en revue les idées, les théories émises ainsi par les plus célèbres auteurs dramatiques. Comme on peut s'en douter, j'aurai beaucoup de citations à faire, voulant laisser aux grands écrivains la responsabilité de leurs assertions ; et il ne faudra pas s'étonner si du choc de ces opinions diverses découle tout naturellement une étude critique générale sur les conditions primordiales et nécessaires de l'art dramatique.

L'ÉVOLUTION
DE
L'IDÉE DRAMATIQUE
CHEZ LES MAITRES DU THÉATRE

CHAPITRE PREMIER

LES ÉCRIVAINS DRAMATIQUES DU XVIIe SIÈCLE

I

Les préfaces et notices du XVIIe siècle ne visent généralement pas à une portée considérable. L'auteur y justifie son sujet, en indique les sources, explique ses emprunts à l'histoire et la part de fiction qu'il a cru pouvoir y mêler, se défend contre quelques critiques de détail formulées par les censeurs ou prévues par lui-même; mais c'est par exception qu'il s'en prend aux idées générales et qu'il expose des théories sur l'art du théâtre[1].

[1]. C'est là pourtant ce que fait Corneille dans ses *Trois Discours sur l'Art dramatique*, pages très précieuses, que tous les écrivains de théâtre, dignes de ce nom, devraient connaître et méditer et dont j'aurai ici à parler.

On reconnaissait cependant alors des principes généraux, et les préfaces des classiques s'y réfèrent sans cesse. Ce sont les fameuses Règles d'Aristote. Si on ne les discute pas, c'est qu'elles s'imposent d'une façon tout impérative, et que leur autorité, universellement reconnue, les fait, par cela même, échapper à la discussion. Quand, parfois, on paraît les avoir mises en oubli, on a hâte de s'en excuser humblement, on cherche à établir que l'insubordination n'est qu'apparente et la loi d'une application douteuse. Mais l'idée de mettre en débat ces règles suprêmes ne vient guère à personne. On les cite, et tout est dit, toute question tranchée. C'est le *magister dixit* dans toute sa plénitude. Toute parole d'Aristote est un dogme placé au-dessus de la contestation.

Il faudrait cependant s'entendre sur ces fameuses règles d'Aristote, et sur ce fétichisme des écrivains du xviie siècle qui nous fait aujourd'hui sourire de pitié. Ce respect inviolable de la doctrine du maître, passée comme à l'état de religion, nous paraît excessif à bon droit. Mais nous faisons, en revanche, aujourd'hui, trop bon marché de cette doctrine; et nous devrions penser que, pour s'être imposée ainsi à tant et de si grands esprits, elle doit avoir en elle quelque chose qui justifie cette prodigieuse autorité.

Qu'on se rappelle l'étonnement, non seulement du public, j'entends : de la foule, mais des juges les plus accrédités, lors de la *reprise*, à la Comédie-Française, de l'*OEdipe-Roi* du vieux Sophocle. Voilà une œuvre conçue dans les principes d'Aristote, que celui-ci même signale comme un chef-d'œuvre et un impérissable modèle, et qui, après plus de vingt siècles, a surpris et émerveillé les plus compétents, je ne dis pas : par le génie du poète, — car le génie est en dehors des règles et des doctrines, — mais par l'*art* étonnant de la facture, la savante graduation de l'intérêt, et, pour tout dire en un mot, par une connaissance du *métier* que les plus adroits et les plus « malins » de nos auteurs modernes pourraient justement envier.

Il ne s'agit pourtant pas de restaurer l'autorité d'Aristote : les plus écoutés y perdraient leur temps et leur peine. Mais il faut avouer que l'influence de ce maître des critiques dramatiques ne provenait pas d'une admiration aussi aveugle que nous semblons le croire aujourd'hui, mais bien d'une confiance légitime dans l'incroyable sagacité de ce penseur antique, qui a touché à tout et fait preuve, en toute matière, d'une justesse de vues si extraordinaire. Le tort commence sans doute à la présomption d'infaillibilité ; mais, d'ailleurs, peut-on contester qu'Aristote ait *compris* l'art dramatique comme bien peu l'ont fait après lui ?

Au reste, il est bien évident que la pensée de cet ancien qui fut une encyclopédie vivante, a été dénaturée et trahie par le respect, disons même le fanatisme de ses admirateurs. Aristote n'a pas émis de dogmes, il n'a pas posé des règles arbitraires et indiscutables. Il a recherché avec cette sagacité unique que je disais, les lois naturelles du théâtre, les conditions dans lesquelles l'auteur dramatique peut nous intéresser et frapper notre imagination ; et, comme ces lois existent, quoi qu'on en dise, et que le cours des siècles ne saurait y apporter beaucoup de modifications, les observations du critique restent justes encore, et, à part le fétichisme qui voudrait en faire une doctrine indiscutable et intangible, nous aurions toujours intérêt à les connaître et à les consulter, comme ceux qui entrent dans la carrière ont intérêt à profiter de l'expérience de leurs devanciers.

Ce que je dis là est en désaccord avec les

idées émises et développées aujourd'hui. On voudrait affranchir le théâtre de toute règle, comme s'il pouvait se passer de ce *métier* sans lequel aucun art ne peut vivre! On ne veut plus se donner la peine de connaître « les exigences dramatiques, que certains jeunes appellent des conventions, quand ils ne savent pas s'en servir. » Et qui donc a écrit les mots que je viens de citer? Quelque vieux rétrograde, disciple de l'austère Boileau? Non : c'est Alexandre Dumas fils, dans la préface du *Théâtre des autres*. Certes, il y a des lois nécessaires, des « exigences », que l'étude révèle; et c'est là ce que le vieil Aristote s'était donné la tâche de découvrir et de mettre en lumière.

Il a pu sans doute en exagérer les sévérités et les rigueurs : tout inventeur attache à sa découverte plus d'importance encore qu'elle n'en a. Mais allez au fond des choses, et vous verrez que toujours l'idée est juste et reste à méditer. Unité de temps, unité de lieu, unité d'action! Que d'exagérations nées de ces règles trop strictement appliquées! Soit! Mais supprimez l'unité d'action et d'intérêt, et vous verrez l'attention de votre public se ralentir et cesser de vous suivre. Éparpillez cette action en trop de lieux et de milieux différents, étendez-la en un trop long espace de temps : vous aurez une suite de tableaux, une *pièce à spectacle*; mais ne comptez pas écrire un beau drame.

Si exagérées donc que soient les règles d'Aristote, si absurdes qu'elles nous semblent aujourd'hui, on n'y saurait trouver une idée fausse, mais, tout au plus, l'exagération d'une idée vraie. Et, à vrai dire, entre le respect absolu, aveugle, de la doctrine si étudiée de ce grand écrivain et l'absence de toute règle et de toute doctrine, je sais bien lequel est le plus facile à pratiquer, mais je me demande lequel est le plus absurde.

Il est intéressant, puisque nous sommes sur ce chapitre, de relever, dans la préface du *Cid*, le premier document offert à notre examen, la façon dont Corneille parle du savant grec, qu'il nomme, tantôt « notre Aristote », et tantôt « le bon Aristote », de noter avec quelle admiration et quel respect, en dépit de ces appellations familières, il en reçoit « la bonne parole » et sur quelles hautes raisons, malgré tout, il appuie ce respect, cette admiration, sentiments conscients et réfléchis.

« Ce grand homme, conclut-il, a traité la *poétique* avec tant d'adresse et de jugement, que les *préceptes qu'il nous en a donnés sont de tous les temps et de tous les peuples;* et, bien loin de s'amuser au détail des bienséances et des agréments, qui peuvent être divers selon que ces deux circonstances sont diverses, *il a été droit aux mouvements de l'âme, dont la nature ne change point.* Il a montré quelles passions la tragédie doit exciter dans celle de ses auditeurs; il a cherché quelles conditions sont nécessaires, et aux personnes qu'on introduit, et aux événements qu'on représente, pour les y faire naître; il en a laissé des moyens qui auraient produit leur effet partout dès la création du monde, et qui seront capables de le produire encore partout, *tant qu'il y aura des théâtres et des acteurs;* et pour le reste, que les lieux et les temps peuvent changer, il l'a négligé, et n'a pas même prescrit le nombre des actes, qui n'a été réglé que par Horace beaucoup après lui. »

Il faut peser chaque mot de cette déclaration, formant une des plus belles pages de haute critique qui aient jamais été écrites. Corneille s'y porte prophète avec une assurance qui semblerait, à présent, bien ridicule, si nous ne la sentions pleinement justifiée. Ainsi, voilà pourquoi il s'incline devant l'autorité d'Aristote? C'est que « ce grand homme a été droit aux mouvements de l'âme, dont la nature ne change point », et que, négligeant les points de détail et de forme, il a su créer une doctrine générale, et qui restera vraie « tant qu'il y aura des théâtres et des acteurs ». Voilà ce qui s'appelle toucher le point juste; et jamais le maître grec n'a été loué plus hautement et plus sûrement.

Mais poursuivons la citation, et venons à l'application que Corneille, juge intéressé d'ailleurs, fait de la doctrine du maître à son propre *Cid*.

« Et certes, poursuit-il, je serais le premier qui condamnerais *le Cid*, s'il péchait contre ces grandes et souveraines maximes que nous tenons de ce philosophe; mais bien loin d'en demeurer d'accord, j'ose dire que cet *heureux* poème n'a extraordinairement réussi que parce qu'on y voit les deux maîtresses conditions, permettez-moi cette épithète, que demande ce grand maître aux excellentes tragédies, et qui se trouvent si rarement assemblées dans un même ouvrage, qu'un des plus doctes commentateurs de ce divin traité qu'il en a fait soutient que l'antiquité ne les a vues se rencontrer que dans le seul *OEdipe*. La première est que celui qui souffre et est persécuté ne soit ni tout méchant, ni tout vertueux, mais un homme plus vertueux que méchant, qui, par quelque trait de faiblesse humaine qui ne soit pas un crime, tombe dans un malheur qu'il ne mérite pas : l'autre, que la persécution et le péril ne viennent point d'un ennemi, ni d'un indifférent, mais d'une personne qui doive aimer celui qui souffre et en être aimée. Et voilà, pour en parler pleinement, la véritable et seule cause de tout le succès du *Cid*, en qui l'on ne peut méconnaître ces deux conditions sans s'aveugler soi-même pour lui faire injustice. »

J'ai tenu à citer ce passage, parce qu'il établit un point fondamental de la doctrine dramatique pour les écrivains du grand siècle. La nécessité, pour le héros malheureux, de n'être « ni tout méchant, ni tout vertueux », est alors un article de foi, auquel Racine reviendra, à plusieurs reprises, dans ses justifications. Il faut bien que cette idée, dont nous ne nous préoccupons plus guère aujourd'hui, soit encore de celles qui resteront justes « tant qu'il y aura des théâtres et des acteurs », puisque c'est sous l'empire de cette doctrine que l'auteur de *Phèdre* et d'*Andromaque* a écrit des drames touchants et si profondément, si éternellement humains.

Pour en finir avec la préface du *Cid*, il faut

reconnaître, malgré le trait final jeté à ceux qui « s'aveuglent eux-mêmes pour faire injustice » au poème de Corneille, combien il y a de modestie dans la façon dont les beaux génies de ce temps présentent leurs œuvres au public. L'observation des règles d'Aristote est, pour Corneille, « la véritable et seule cause du succès du *Cid* ». Certes, il y a de la convention, de l'affectation même, je le veux bien, dans cette modestie alors imposée à l'écrivain : et il n'est pas admissible que l'auteur d'un poème tel que le *Cid* fût tout à fait inconscient de sa grandeur et de son génie. A plus forte raison en sera-t-il ainsi de Racine, de Molière, génies moins instinctifs, disons : moins naïfs que Corneille. Mais, mode pour mode, il faut avouer que la simplicité avec laquelle ces grands hommes parlent de leurs grandes œuvres a vraiment quelque chose de plus sympathique que l'outrecuidance de nos dramaturges modernes. Aujourd'hui, au moindre succès, on s'en va décrocher les étoiles, et l'auteur tombé invoque l'univers entier en témoignage de l'injustice des hommes.

Je ne saurais m'étendre longuement sur les autres préfaces de Corneille, qui n'offrent généralement pas l'intérêt de celle du *Cid* et nous ouvrent surtout moins d'aperçus sur les idées générales et les principes théoriques du poète. Notons, cependant, à titre de curiosité, le début de celle de *Nicomède*, où le vieux maître jette, avec complaisance, un regard rétrospectif sur son œuvre passée, déjà considérable :

« Voici, nous dit-il, une pièce d'une constitution assez extraordinaire: aussi est-ce la vingt-unième que j'ai fait voir sur le théâtre; et après y avoir fait réciter quarante mille vers, il est bien malaisé de trouver quelque chose de nouveau sans s'écarter un peu du grand chemin et se mettre au hasard de s'égarer. »

Et signalons cette autre entrée en matière, bien plus étrange encore, quand on songe quelle est l'œuvre dont la préface commence ainsi : « Si mes amis ne me trompent, cette pièce égale ou passe la meilleure des miennes. » De quelle tragédie s'agit-il ici? D'*Othon*, l'une des plus pénibles à lire de ce si haut et si inégal génie. Remarquez que les « amis » interviennent ici par figure de rhétorique, et que c'est évidemment dans la pensée de l'admirable auteur du *Cid* et d'*Horace* que cet *Othon égale ou passe* la meilleure de ses œuvres. Et qui donc osera, après cela, se porter juge en ses propres ouvrages?

Mais ce n'est pas dans les préfaces de Corneille qu'il faut chercher surtout ses principes dramatiques. Ce n'est pas non plus dans les *Examens*, qu'il place à la suite de chaque ouvrage. Si intéressants que soient ces examens, je ne crois pas devoir m'en occuper, parce qu'ils me feraient entrer dans l'étude détaillée de chaque pièce et sortir, par suite, de la voie que je me suis tracée[1].

Ce qui doit, en revanche, nous occuper quelques instants, ce sont ces *Trois discours sur l'Art dramatique*, que Corneille place en tête

---

1. Un mot cependant sur les *Examens* qui donnent une physionomie particulière à l'œuvre de Corneille et mettent en lumière un trait original de cette grande figure littéraire. Corneille est à peu près le seul écrivain qui ait essayé de juger impartialement ses ouvrages et de se placer, pour en parler, au point où aurait pu le faire un examinateur étranger. Un grand sage, Confucius, a dit : « Ne parlez jamais de vous, ni en bien, ni en mal; en bien, parce qu'on ne vous croirait pas, et en mal, parce qu'on vous croirait. » Corneille ose cependant parler de lui-même et se juger. Je ne dis pas qu'il le fasse avec un absolu détachement de tout intérêt personnel ; mais je ne crois pas non plus qu'on trouve un second écrivain pour apporter à cette tâche une pareille loyauté ! Il y a une grande *crânerie* et une fierté très digne dans la façon dont il se taxe de pouvoir apprécier ses œuvres : « Je ne dissimulerai point les défauts et en revanche je me donnerai la liberté de remarquer ce que j'y trouverai de moins imparfait. Balzac accorde ce privilège à une certaine espèce de gens, et soutient qu'ils peuvent dire d'eux-mêmes par franchise ce que d'autres en disent par vanité. Je ne sais si j'en suis, mais je veux avoir assez bonne opinion de moi pour n'en désespérer pas. » (*Premier discours sur l'art dramatique.*)

Belles paroles, après tout, et que le grand poète justifie.

de ses œuvres, et qui en forment véritablement la préface générale. Personne ne les lit plus aujourd'hui, et comme on a tort ! Car, à travers des discussions d'école qui semblent loin de nous et nous apparaissent comme dépourvues d'intérêt, il y a des idées d'une justesse à s'imposer toujours et d'une éternelle vérité, et le poète y dégage des principes immuables, aussi applicables de notre temps qu'ils l'étaient du sien.

Le malheur, c'est qu'il y suit pas à pas Aristote, et que le nom de l'immortel précepteur d'Alexandre n'est pas précisément une recommandation par le temps qui court. Mais notez bien que, malgré l'admiration profonde que le poète avait vouée au philosophe grec, et dont nous avons déjà trouvé la trace, Corneille réserve son libre arbitre, et — rare exception au XVIIe siècle, — combat, sur plus d'un point, l'autorité du maître. Il reconnaît, d'ailleurs, que, si nier les principes de l'art dramatique (comme on le fait aujourd'hui) est une folie, établir sûrement ces principes n'est pas toujours chose facile : « Il est constant, dit-il, qu'il y a des préceptes, puisqu'il y a un art, mais il n'est pas constant quels ils sont ».

Je dois indiquer, en courant, quelques-uns

des préceptes qu'il pose et dont il semble qu'on ne saurait trop s'inspirer : par exemple, pousser l'action jusqu'à son terme nécessaire, et, par contre, ne pas aller au delà. « Comme il est nécessaire, dit Corneille, que l'action soit complète, il faut aussi n'ajouter rien au delà ; parce que, quand l'effet est arrivé, l'auditeur ne souhaite plus rien et s'ennuie de tout le reste. »

Voulez-vous une application de ce précepte? En voici une, et bien parlante. Vous rappelez-vous l'assommant désespoir de Triboulet dans *Le Roi s'amuse*, quand il a cru frapper son ennemi et qu'à sa place, il trouve sa fille morte ; cette scène interminable, de plus de soixante vers, où tant de gens interviennent, y compris un charretier, que le fou supplie de lui écraser la tête sous ses roues ? Et, s'il vous plaît de faire un rapprochement piquant, mettez ce hors-d'œuvre (car véritablement le drame est fini) en regard de l'ingénieux dénouement de Verdi ou de son librettiste dans *Rigoletto*. Quand le bouffon comprend que sa fille est tuée au lieu du duc de Mantoue, il se rappelle le vieillard qui l'a maudit au premier acte : « *O la maledizione !* » s'écrie-t-il ; et la toile tombe. Vous avouerez alors que Victor Hugo, qui avait su créer là une si belle situation, aurait dû relire

Corneille et ses *Discours sur l'art dramatique*. Je ne sais si Verdi l'a fait; mais ici, c'est lui qui s'est montré homme de théâtre. Pour Hugo, plus riche d'inspiration que de tact, il fait penser au mot du Carthaginois : « *Vincere scis, victoria uti nescis.* »

Voici, enfin, un autre précepte des *Discours* bien juste et bien sage encore, et qui rompt en visière avec un des plus naïfs et des plus tenaces préjugés qui existent sur la moralité au théâtre :

« La naïve peinture des vices et des vertus ne manque jamais à faire son effet, quand elle est achevée, et que les traits en sont si reconnaissables qu'on ne peut les confondre l'un dans l'autre ni prendre le vice pour la vertu. Celle-ci se fait alors toujours aimer, quoique malheureuse, et celui-là se fait toujours haïr, bien que triomphant. Les anciens se sont bien contentés de cette peinture, *sans se mettre en peine de faire récompenser les bonnes actions et punir les mauvaises.* »

Rien ne saurait être plus vrai ni mieux dit. Le théâtre n'a qu'un devoir : semer des idées justes et saines; faire aimer ce qui est bon et mépriser ce qui est mauvais. Que l'auteur soit le *vir bonus dicendi peritus* : tout est là. Le reste est une *berquinade*, qui n'a rien à voir avec la moralité dramatique et dont l'application pourrait même se concilier sans peine avec le théâtre immoral. Shakespeare a beau le dire dans un de ses intitulés, tout n'est pas bien qui finit bien.

Mais je ne saurais insister longuement sur les *Trois Discours* de Corneille. J'en conseillerai seulement la lecture aux esprits éclairés qui ont encore — chose rare dans la vie contemporaine — le loisir de réfléchir et de penser; et je me contenterai de revenir en quelques mots sur ce que j'ai signalé plus haut : c'est-à-dire l'indépendance d'esprit avec laquelle Corneille, tout partisan qu'il soit des règles nécessaires, ose s'en affranchir quand l'intuition de son génie l'absout de cette audace. Tel Beethoven, qui, certes, n'avait garde de contester les règles de la musique, et qui sut, à son heure, faire des fautes d'harmonie considérées aujourd'hui comme de sublimes inspirations.

Dans la préface de *Nicomède*, déjà, l'écrivain avait dit, en justification de quelques audaces :

« Il est bon de hasarder un peu, et ne s'attacher pas toujours si servilement à ses préceptes, ne fût-ce que pour pratiquer celui de notre Horace :

Et mihi res, non me rebus submittere conor.

Dans ses *Discours*, c'est encore sous l'autorité d'un grand nom romain qu'il place semblable hardiesse :

« Ce qui nous sert d'exemple, dit Tacite, a été autrefois sans exemple, et ce que nous faisons sans exemple en pourra servir un jour. »

Enfin, après avoir expliqué comment il a parfois « hasardé », et généralement avec succès, il arrive à cette déclaration audacieuse qui termine le dernier de ses *Trois discours concernant l'Art dramatique*, et répond ainsi à ceux qui exigent, quand même, la stricte observation des règles :

« Il est facile aux spéculatifs d'être sévères; mais s'ils voulaient donner dix ou vingt pièces de cette nature au public, ils élargiraient peut-être les règles encore plus que je ne fais, sitôt qu'ils auraient reconnu par l'expérience quelle contrainte apporte leur exactitude, et *combien de belles choses elle bannit de notre théâtre*[1]. Quoi qu'il en soit, voilà mes opinions, ou, si vous voulez, mes hérésies, touchant les principaux points de l'art; et je ne sais pas mieux accorder les règles anciennes avec les agréments modernes. Je ne doute point qu'il ne soit aisé d'en trouver de meilleurs moyens, et je suis

---

1. Ne dirait-on pas un écrivain tout moderne, et presque un révolutionnaire ?

tout prêt de les suivre, lorsqu'on les aura mis en pratique aussi heureusement qu'on y aura vu les miens. »

Sans nous arrêter sur la fierté, légitime en somme, de ce dernier trait, nous voyons là une conclusion bien nette. Les règles doivent être respectées comme les observations émanées d'esprits avisés, judicieux et expérimentés; il faut en tenir compte comme de très sages conseils, d'une haute portée générale; mais elles ne constituent pas des articles de foi, et il est des cas où l'écrivain peut les transgresser à ses risques et périls.

Au demeurant, pour Corneille, et il le répète à plusieurs reprises dans ses *Discours*, le but et le grand point est de plaire au public. Nous verrons, plus loin, Molière aboutir à la même conclusion. Et comment ne pas attacher de prix à cette doctrine, quand elle a pour défenseurs deux si grands poètes et qui ont su si bien joindre l'application au précepte?

II

En passant des préfaces et avertissements de Corneille aux avant-propos de Racine, on est déjà dans une atmosphère moins sereine, plus nerveuse. La personnalité s'y étale avec plus de complaisance. L'homme qui avouait à son fils que jamais les plus grands éloges ne lui avaient fait autant de plaisir que les moindres critiques ne lui avaient causé de peine, cet écrivain inquiet et ombrageux s'y retrouve tout entier. Dirai-je qu'on y sent aussi un besoin de réclame que le grand Corneille ne paraît pas avoir connu au même degré [1] ?

[1]. Ceci est une question de caractère et n'ôte pas un atome au merveilleux génie de Racine. *L'homme* est plus grand chez Corneille, cela n'est pas douteux. Quant au poète, je laisse à chacun le soin d'en décider.

Racine, dans la préface de *Bérénice*, est heureux de nous insinuer que sa tragédie a été « honorée » de bien des larmes, et que « la trentième représentation (chiffre énorme pour l'époque) a été aussi suivie que la première. » Voilà donc déjà la feuille de location donnée pour argument, et l'on voit poindre ici Émile Zola, avec la centième édition — lisez le centième mille — de l'*Assommoir*.

Note encore très personnelle et quasi moderne, Racine nous initie à son travail; et ses préfaces prennent comme des airs d'*interviews*.

« Voici, dit-il de *Britannicus*, celle de mes tragédies que je puis dire que j'ai le plus travaillée. Cependant j'avoue que le succès ne répondit pas d'abord à mes espérances. A peine elle parut sur le théâtre, qu'il s'éleva quantité de critiques qui semblaient la devoir détruire. Je crus même que sa destinée serait à l'avenir moins heureuse que celle de mes autres tragédies. Mais enfin il est arrivé de cette pièce ce qui arrivera toujours des ouvrages qui auront quelque bonté : les critiques se sont évanouies, la pièce est demeurée. C'est maintenant celle des miennes que la cour et le public revoient le plus volontiers. Et si j'ai fait quelque chose de solide et qui mérite quelque louange, la plupart des connaisseurs demeurent d'accord que c'est ce même *Britannicus*[1]. »

Certes, que « l'ouvrage ait quelque bonté », la postérité n'y contredira pas, en voyant qu'il s'agit de cet admirable *Britannicus*. Peut-être aimerait-on mieux que l'auteur laissât à d'autres le soin de le dire. Mais qu'est-ce que cela, à côté des coups de tam-tam de notre « foire aux vanités » ?

Ce que je retiens ici, surtout, ce sont les premiers mots; c'est la confidence de l'auteur livrant ses *dessous* au public : « Voici celle de mes tragédies que je puis dire que j'ai le plus travaillée ». Aveu précieux pour nous, la postérité; mais, pour les contemporains, besoin, déjà, d'occuper de soi et légère pointe de cabotinage.

Autre note de la même gamme. Énervé, las de répondre aux critiques, notre écrivain nous fait ses doléances : « Je plains fort le malheur d'un homme qui travaille pour le public[2]. » Oui, il en a assez du métier d'auteur dramatique; pour un peu, il jetterait la plume. Et cela est vrai, cela est sincère; nous le savons bien, puisqu'il finira par la jeter un jour. Mais quelle

1. Deuxième préface de *Britannicus*.
2. Première préface de *Britannicus*.

nécessité de dire cela au public, dans la préface d'un de ses ouvrages?

Revenons à des idées d'ordre moins personnel, les idées de doctrine, dont la recherche est notre but. S'il en est une qui revient souvent chez tout écrivain visant à être autre chose qu'un *amuseur*, c'est la prétention à une portée morale. Le théâtre a-t-il le droit de s'attribuer la fameuse devise de Santeuil : *Castigat ridendo mores? Ridendo* ou *lugendo*, peu importe, d'ailleurs. La question est encore agitée aujourd'hui, et nous aurons forcément à y revenir. Je me contente ici de l'indiquer.

Ce principe du « théâtre moral » ne fait pas question pour Racine; mais, ce qui peut nous étonner un peu aujourd'hui, c'est qu'il l'expose à propos de sa *Phèdre*, et déclare n'avoir pas écrit de tragédie « où la vertu soit plus mise en jour que dans celle-ci ». Le passage est curieux et mérite d'être cité. Si l'application à *Phèdre* peut nous surprendre, nous qui avons quelque prévention contre la portée morale de cette œuvre, il paraît théoriquement indiscutable.

« Je n'ose encore assurer que cette pièce soit la meilleure de mes tragédies; je laisse aux lecteurs et au temps à décider de son véritable prix. Ce que je puis assurer, c'est que je n'en ai point fait où la vertu soit plus mise en jour que dans celle-ci. Les moindres fautes y sont sévèrement punies[1] ; la seule pensée du crime y est regardée avec autant d'horreur que le crime même : les faiblesses de l'amour y passent pour de vraies faiblesses : les passions n'y sont présentées aux yeux que pour montrer tout le désordre dont elles sont cause ; et le vice y est peint partout avec des couleurs qui en font connaître et haïr la difformité. *C'est là proprement le but que tout homme qui travaille pour le public doit se proposer;* et c'est ce que les premiers tragiques avaient en vue sur toute chose. Leur théâtre était une école où la vertu n'était pas moins bien enseignée que dans les écoles des philosophes. Aussi Aristote a bien voulu donner des règles du poème dramatique, et Socrate, le plus sage des philosophes, ne dédaignait pas de mettre la main aux tragédies d'Euripide. »

Voilà une théorie bien nette et bien franche, dont, je le répète, l'application à *Phèdre* a seule lieu de nous surprendre un peu. L'héroïne de Racine répond sans doute à l'idéal des

---

[1]. Nous avons vu que, d'après Corneille, ce n'est pas un élément suffisant ni nécessaire de la moralité au théâtre.

anciens : « Elle a, nous dit encore l'auteur dans sa préface, toutes les qualités qu'Aristote demande dans le héros de la tragédie, et qui sont propres à exciter la compassion et la terreur. En effet, Phèdre n'est *ni tout à fait coupable, ni tout à fait innocente.* » Voilà revenue cette fameuse règle d'Aristote dont Corneille se servait déjà pour justifier le personnage de Rodrigue et à laquelle se conforme si bien l'*OEdipe* de Sophocle. Mais, en admettant, point par point, toutes les justifications de détail que donne Racine de l'excellence morale de son drame, on peut se demander encore si cette *fatalité* de la passion, que la volonté ne parvient pas à combattre, ces luttes impuissantes contre

... Vénus tout entière à sa proie attachée,

offrent un spectacle bien sain et bien utile à présenter. C'est là, encore, une question que, pour le moment du moins, je pose sans la discuter, parce que je craindrais de me laisser entraîner trop loin, et que je ne veux pas passer de l'examen des théories du poète à celui de ses œuvres.

Je ne quitterai pas, du moins, la préface de *Phèdre* sans y relever une modification à la donnée d'Euripide, que Racine justifie d'une façon assez piquante. Le point est délicat ; mais, tout réservé que soit souvent notre poète, il l'aborde sans ambages ; il n'y a qu'à le citer : « Hippolyte est accusé, dans Euripide et dans Sénèque, d'avoir en effet violé sa belle-mère : *vim corpus tulit.* Mais il n'est ici accusé que d'en avoir eu dessein. *J'ai voulu épargner à Thésée une confusion qui l'aurait pu rendre moins agréable aux spectateurs* ».

Racine nous livre-t-il ici toute sa pensée ? N'a-t-il pas reculé plutôt devant une brutalité dont les Grecs, beaucoup plus fins que délicats, ne s'effarouchaient pas comme nous ? N'a-t-il vraiment pensé qu'à éviter à ce *pauvre* Thésée une « confusion », qui l'aurait rendu « moins agréable ? » Que n'a-t-il alors vécu à présent ? Les maris trompés sont devenus si sympathiques, que Thésée aurait été le premier, de nos jours, à réclamer la version de Sénèque et d'Euripide.

Il me faut signaler un autre scrupule de Racine, émis dans la préface de son *Bajazet*. Notre plus grand grief, aujourd'hui, contre la tragédie, si démodée, si en défaveur, qu'il ne s'en produit plus que honteusement et sous le nom hypocrite d'« études antiques », c'est la solennité monotone de ses héros : rois grecs, empereurs romains, personnages fabuleux et légendaires. Que les temps sont changés ! Les hommes du xvii° siècle, croyant imiter les anciens, — ce en quoi ils se trompaient, — se renfermaient par principe dans ces données pompeuses, admettant que le prestige du lointain était une des conditions nécessaires à leurs personnages pour s'imposer au public. L'erreur consistait en l'oubli d'un point : c'est que les légendes des Grecs étaient, pour ceux-ci, des traditions nationales. Il eût donc fallu, pour s'inspirer franchement de leur exemple, puiser, chez nous aussi, aux sources nationales, et chanter, par exemple, Vercingétorix, Roland, Jeanne d'Arc, Duguesclin, etc. Que n'auraient pas donné de tels sujets, essayés tardivement de nos jours, si le génie d'un Corneille ou d'un Racine avait su s'en échauffer !

Reste le prestige du lointain, dont nous ne tenons plus guère de compte aujourd'hui, pas assez peut-être[1], mais qui tenait fort à cœur aux poètes du grand siècle. C'est cette préoccupation qui tiendra Racine quelque peu en suspens, avant qu'il ose aborder le sujet de

1. L'Opéra seul s'en préoccupe encore, uniquement peut-être parce qu'il a besoin de décors et de costumes.

Bajazet, mise à la scène d'une aventure contemporaine, que M. de Cézy, ambassadeur à la Porte, avait contée à « plusieurs personnes de qualité ». Racine se défend longuement de son audace et plaide habilement les circonstances atténuantes :

« Je ne conseillerais pas à un auteur de prendre pour sujet d'une tragédie une action aussi moderne que celle-ci, si elle s'était passée dans le pays où il veut faire représenter sa tragédie, ni de mettre des héros sur le théâtre, qui auraient été connus de la plupart des spectateurs. Les personnages tragiques doivent être regardés d'un autre œil que nous ne regardons d'ordinaire les personnages que nous avons vus de si près. On peut dire que le respect que l'on a pour les héros s'augmente à mesure qu'ils s'éloignent de nous, *major è longinquo reverentia*. L'éloignement des pays répare en quelque sorte la trop grande proximité des temps ; *car le peuple ne met guère de différence entre ce qui est, si j'ose ainsi parler, à mille ans de lui, et ce qui en est à mille lieues*. C'est ce qui fait, par exemple, que les personnages turcs, quelque modernes qu'ils soient, ont de la dignité sur notre théâtre. On les regarde de bonne heure comme anciens. Ce sont des mœurs et des coutumes toutes différentes. Nous avons si peu de commerce avec les Princes et les autres personnes qui vivent dans le sérail, que nous les considérons, pour ainsi dire, comme des gens qui vivent dans un autre siècle que le nôtre ».

La distinction est subtile et ingénieuse. Elle est juste, d'ailleurs. Mais que de précautions prend le poète pour se justifier! Et comme ce soin nous étonne aujourd'hui, nous qui avons vu mettre en scène la conquête du Dahomey, avant la prise d'Abomey et bien avant la capture de Béhanzin! Notons aussi que, fidèle à son principe d'éloigner le lieu de la scène, soit dans l'espace, soit dans le temps, Racine, qui nous parle de Constantinople dans sa préface, ne se servira jamais, au cours de sa pièce, que du mot de Byzance! Tout au plus dira-t-il, dans l'indication du lieu de scène : « La scène est à Constantinople, autrement dite Byzance ». A partir de là, le dernier nom sera seul prononcé. Je sais que le premier est mal aisé à faire entrer dans les vers; mais la vraie raison de ce terme suranné, qui nous choque autant à présent que celui de Constantinople eût gêné nos pères, cherchez-la dans les motifs de *respect* invoqués plus haut par le poète : *major è longinquo reverentia.*

Il me reste à parler d'un détail important des préfaces de Racine; important, parce qu'il est caractéristique : c'est la mauvaise humeur du poète à l'encontre de ses censeurs. Nerveux comme les femmes, qu'il aimait et qu'il peignait si bien, l'auteur d'*Andromaque* n'admet pas la contradiction et supporte avec impatience les assauts de la critique. Ouvrez la préface de *Bérénice*, et voyez comme il réplique à un libelle dirigé contre lui, et qui n'était peut-être qu'une *gaminerie.*

« Pour le libelle que l'on a fait contre moi, je crois que les lecteurs me dispenseront volontiers d'y répondre[1]. Et que répondrais-je à un homme qui ne pense à rien, et qui ne sait pas même construire ce qu'il pense? Il parle de protase, comme s'il entendait ce mot, et veut que cette première des quatre parties de la tragédie soit toujours la plus proche de la dernière, qui est la catastrophe. Il se plaint que la trop grande connaissance des règles l'empêche de se divertir à la comédie. Certainement, si l'on en juge par sa dissertation, il n'y eut jamais

---

1. Nous allons voir comme il s'en « dispense » lui-même!

de plainte plus mal fondée. Il paraît bien qu'il n'a jamais lu Sophocle, qu'il loue très injustement *d'une grande multiplicité d'incidents*, et qu'il n'a même jamais lu la *Poétique* que dans quelques préfaces de tragédie. Mais je lui pardonne de ne pas savoir les règles du théâtre, puisque, heureusement pour le public, il ne s'applique pas à ce genre d'écrire. Ce que je ne lui pardonne pas, c'est de savoir si peu les règles de la bonne plaisanterie, lui qui ne veut pas dire un mot sans plaisanter. Croit-il réjouir beaucoup les honnêtes gens par ces *hélas de poche* ou ces *Mesdemoiselles mes règles*, et quantité d'autres basses affectations qu'il trouvera condamnées dans tous les bons auteurs, s'il se mêle jamais de les lire? »

Et, comme il arrive chez les gens bilieux, la mauvaise humeur, loin de se calmer par les paroles, s'excitant et se redoublant encore, le doux Racine dit leur fait, une fois pour toutes, à tous ces fabricants de libelles, qui lui font passer de si vilains moments.

« Toutes ces critiques sont le partage de quatre ou cinq petits auteurs infortunés, qui n'ont jamais pu par eux-mêmes exciter la curiosité du public. Ils attendent toujours l'occasion de quelque ouvrage qui réussisse, pour l'attaquer : non point par jalousie, car sur quel fondement seraient-ils jaloux ? mais dans l'espérance qu'on se donnera la peine de leur répondre, et qu'on les tirera de l'obscurité où leurs propres ouvrages les auraient laissés toute leur vie ».

Je ne dis pas qu'on serait tenté de s'écrier : « Tu te fâches, Jupiter ; donc tu as tort » ; car il ne faut pas oublier qu'il s'agit ici de la délicieuse *Bérénice*. Mais, assurément, Jupiter a tort de se fâcher ; et sa mauvaise humeur, trop visible, qui nous étonne aujourd'hui, devait égayer, à ses dépens, quelques contemporains, à commencer par ceux qui prenaient plaisir à le taquiner dans ces méchants écrits. Veut-on me passer une expression très familière, mais qui rend bien ma pensée ? Racine *monte* trop facilement à *l'échelle* qu'on lui tend.

Cette irritabilité et cette faiblesse de caractère altèrent un peu, pour nous, la pure et noble physionomie de Racine. Mais voici qui est plus grave. Dans la première préface de *Britannicus*, notre poëte, furieux de voir cette œuvre admirable discutée, s'emporte jusqu'à prendre personnellement à partie le plus illustre de ses rivaux et à le traiter avec un dédain indigne de l'un et de l'autre. Il écrit :

« Que faudrait-il faire pour contenter des juges si difficiles ? La chose serait aisée, pour peu qu'on voulût trahir le bon sens. Il ne faudrait que s'écarter du naturel pour se jeter dans l'extraordinaire. Au lieu d'une action simple, chargée de peu de matière, telle que doit être une action qui se passe en un seul jour, et qui, s'avançant par degrés vers sa fin, n'est soutenue que par les intérêts, les sentiments et les passions des personnages, il faudrait remplir cette même action de quantité d'incidents qui ne se pourraient passer qu'en un mois, d'un grand nombre de jeux de théâtre d'autant plus surprenants qu'ils seraient moins vraisemblables, d'une infinité de déclamations où l'on ferait dire aux acteurs tout le contraire de ce qu'ils devraient dire. Il faudrait, par exemple, représenter quelque héros ivre, qui se voudrait faire haïr de sa maîtresse de gaîté de cœur, un lacédémonien grand parleur, un conquérant qui ne débiterait que des maximes d'amour[1], une femme qui donnerait des leçons de fierté à des conquérants. Voilà, sans doute, de quoi faire récrier tous ces Messieurs ».

On sait que toutes ces malices *ad hominem*

[1]. Est-ce bien à l'auteur d'*Alexandre* de tourner un tel conquérant en ridicule ?

sont dirigées contre les tragédies de Corneille, *Attila*, *Agésilas*, *la Mort de Pompée*, enfin, où Cornélie adresse à César un si fier et si magnifique discours, qu'on y peut voir une des plus belles pages de l'auteur du *Cid*. Certes, on comprend l'irritation d'un poète qui voit méconnaître un chef-d'œuvre tel que *Britannicus;* mais, quand il ne trouve, pour se défendre, que ces petites méchancetés à émettre contre le grand Corneille, on ne saurait s'empêcher d'en rougir pour lui-même. On lui en veut surtout en lisant le paragraphe suivant, où, non content d'avoir désigné assez clairement déjà son glorieux prédécesseur, il revient rageusement à la charge et le montre, en quelque sorte, du doigt :

« Je prie seulement le lecteur de me pardonner cette petite préface que j'ai faite pour lui rendre raison de ma tragédie. Il n'y a rien de plus naturel que de se défendre quand on se croit injustement attaqué. Je vois que Térence même semble n'avoir fait des prologues que pour se justifier contre les critiques d'un vieux poète mal intentionné, *malevoli veteris poetæ*, et qui venait briguer des voix contre lui jusqu'aux heures où l'on représentait ses comédies ».

Je ne sais jusqu'à quel point — ces choses-là sont difficiles à établir aujourd'hui — le fier et digne Corneille justifiait cette accusation; mais ce trait du *malevoli veteris poetæ*, insultant la vieillesse d'un si haut génie, ne fait vraiment tort qu'à Racine même, et l'on voudrait que cette première préface de *Britannicus* eût été retranchée de son œuvre.

Elle l'eût été, je crois, s'il n'eût tenu qu'à lui. Rendons-lui, du moins, cette justice, qu'après l'avoir écrite *ab irato*, il en a composé et y a substitué une seconde, où les attaques contre Corneille ne se retrouvent plus. C'est ainsi, du reste, que notre nerveux poète a souvent deux préfaces : l'une est le produit de son irritation contre les censeurs, l'autre celui de la réflexion. Pour l'honneur de Racine, attachons-nous à *l'autre*.

J'ai parlé avec une franchise qu'on me reprochera peut-être, de ce merveilleux esprit par qui notre théâtre a été doté de la plus belle et la plus pure langue poétique qu'il ait connue; mais il faut reconnaître que, chez Racine, le caractère, trop impressionnable, n'est pas toujours à la hauteur du génie. Cependant, je ne puis quitter ce grand tragique sans citer une page admirable, où le poète, gardant, à travers son inspiration, sa lucidité toute française, expose de précieuses pensées sur l'art théâtral, et justifie ces préceptes des anciens, qu'on est trop porté, encore un coup, à croire arbitraires et conventionnels. Je la trouve dans la *seconde préface de Bérénice*, il parle de son sujet :

« Ce qui m'en plut davantage, dit-il, c'est que je le trouvai extrêmement simple. Il y avait longtemps que je voulais essayer si je pourrais faire une tragédie avec cette simplicité d'action qui a été si fort du goût des anciens; car c'est un des premiers préceptes qu'ils nous ont laissés. Que ce que vous ferez, dit Horace, soit toujours simple et ne soit *qu'un*. »

Racine cite, à l'appui de sa thèse, l'*Ajax*, le *Philoctète*, ajoutant : « L'*OEdipe* même, quoique tout plein de reconnaissances, est moins chargé de matière que la plus simple tragédie de nos jours. » Il s'agit, bien entendu, de cet admirable *OEdipe-Roi*, qui est de notre répertoire.

« *Et il ne faut point croire*, poursuit notre poète, *que cette règle ne soit fondée que sur la fantaisie de ceux qui l'ont faite :* il n'y a que le vraisemblable qui touche dans la tragédie. Et quelle vraisemblance y a-t-il qu'il arrive en un jour une multitude de choses qui pourraient à peine arriver en plusieurs semaines? Il y en a qui pensent que cette simplicité est une marque de peu d'invention. Ils ne songent pas qu'au contraire toute l'invention consiste à faire quelquechose de rien, et que tout ce grand nombre d'incidents a toujours été le refuge des poètes qui ne sentaient dans leur génie ni assez d'abondance ni assez de force pour attacher durant cinq actes leurs spectateurs par une action simple, soutenue de la violence des passions, de la beauté des sentiments, et de l'élégance de l'expression.

. . . .

« Ce n'est pas que quelques personnes ne m'aient reproché cette même simplicité que j'avais recherchée avec tant de soin. Ils[1] ont cru qu'une tragédie qui était si peu chargée d'intrigues ne pouvait être selon les règles du théâtre. Je m'informai s'ils se plaignaient qu'elle les eût ennuyés. On me dit qu'ils avouaient tous qu'elle n'ennuyait point, qu'elle les touchait même en plusieurs endroits, et qu'ils la verraient encore avec plaisir. Que veulent-ils davantage? Je les conjure d'avoir assez bonne opinion d'eux-mêmes pour ne pas croire qu'une pièce qui les touche, et qui leur donne du plai-

---

(1) *Sic.*

sir, puisse être absolument contre les règles. *La principale règle est de plaire et de toucher : toutes les autres ne sont faites que pour parvenir à cette première;* mais toutes ces règles sont d'un long détail, dont je ne leur conseille pas de s'embarrasser : ils ont des occupations plus importantes. Qu'ils se reposent sur nous de la fatigue d'éclaircir les difficultés de la *Poétique d'Aristote.* »

« La principale règle, Racine le dit donc, est de plaire et de toucher. » Il n'est rien de plus juste ; et nous verrons Molière dire la même chose, et presque dans les mêmes termes. Cependant, il ne faut pas détacher cette phrase de son complément : « toutes les autres règles ne sont faites que pour parvenir à la première. » Molière lui-même, quoiqu'il peste parfois contre les règles qu'on lui jette malencontreusement dans les jambes, aboutit aux mêmes conclusions. Plaire est la règle primordiale : c'est *le but.* Les autres sont *les moyens.* Il ne faut donc pas dédaigner celles-ci ; car il ne suffit pas de savoir où l'on va ; encore faut-il connaître par quels chemins on doit passer.

Racine, on le sait, n'a écrit qu'une comédie, *Les Plaideurs.* Ce n'est vraiment pas un absolu chef-d'œuvre. Tout y est poussé à la charge, et la gaîté y manque parfois de franchise. Je ne ferais pas cette réflexion, qui sort du cadre de cette étude, si je n'y étais amené par une déclaration de l'auteur au début de sa préface, qui vaut la peine d'être relevée. Si la charge est ici un peu... *pantalonesque*, le fait s'explique par cette déclaration. Racine nous apprend qu'il avait primitivement destiné sa pièce aux Italiens et réservé le rôle de l'Intimé à Scaramouche. C'est ce Scaramouche, de son vrai nom Tiberio Fiorelli, dont Molière faisait si grand cas que, d'après certains contemporains, il ne manquait presque aucune de ses représentations.

III

Puisque j'ai nommé Molière, arrivons enfin à ce roi de la comédie, toujours indétrôné, et sans doute indétrônable. Il use peu des commentaires; et c'est une remarque que nous devons faire, que la comédie s'en passe plus aisément que la tragédie ou le drame. Regnard ne les connait pas; et, de nos jours, notre excellent Labiche n'en eut jamais sur la conscience. La gaîté se discute moins, et le rire n'a pas besoin de s'expliquer.

Des rares préfaces de Molière, la plus importante est celle du *Tartuffe*, mais ne peut-on pas dire que, par son principal personnage, le *Tartuffe* confine au drame? Hors de là, nous ne trouvons que des *Avis au lecteur* d'un intérêt secondaire et ne visant pas à une portée générale.

Le maître demande, par exemple, qu'on excuse son improvisation des *Fâcheux* ; et, pour qu'on ne lui impute pas le manque de *composition* de ces trois actes en vers, premier spécimen de la « pièce à tiroirs », il est bien aise de nous apprendre, dans son *Avertissement*, que « cette comédie a été conçue, faite, apprise et représentée en quinze jours. » Voilà qui est fort ! Un vrai *record*, dirions-nous.

C'est bien autre chose pour *L'Amour médecin*, trois actes, en prose, il est vrai, mais au sujet desquels Molière fait une déclaration à peine croyable. Laissons-lui en la responsabilité :

« Ce n'est ici, dit-il dans les quelques lignes intitulées « Au lecteur », qu'un simple crayon (notons ce mot d'allure si moderne), un petit impromptu dont le roi a voulu se faire un divertissement. Il est le plus précipité de ceux que Sa Majesté m'ait commandés ; et lorsque je dirai qu'il *a été proposé, fait, appris et représenté en cinq jours*, je ne dirai que ce qui est vrai. »

Est-ce admissible ? Et Molière n'opère-t-il pas son calcul de jours de manière à faire valoir son zèle et celui de sa troupe ? Est-il matériellement possible d'écrire, de faire copier, apprendre, répéter et jouer trois actes en l'espace de cinq jours? Des auteurs et metteurs en scène d'à présent diraient : Non! Les gens de théâtre du xvii° siècle étaient-ils donc moins exigeants ou plus habiles?

Ces renseignements, plus ou moins sincères, donnés par Molière sur son œuvre, ont leur intérêt; mais ils nous ouvrent peu d'aperçus sur ses idées dramatiques. Un peu plus intéressante, à cet égard, est la préface des *Précieuses ridicules*, où l'on a encore accusé l'écrivain de jouer la comédie, en se donnant comme victime d'un complot et en poussant les cris d'un auteur qu'on imprime malgré lui. Elle est bien jolie, bien fine et bien spirituelle, cette préface pleine d'*humour;* mais il est surtout un point par où elle nous touche : c'est qu'elle pose la règle de la satire permise et marque la limite jusqu'où, selon Molière, elle a le droit de s'avancer. L'écrivain tient à bien y signaler la distinction qu'il a su faire des précieuses... ridicules et de celles qui ne le sont pas; car, avec plus ou moins de sincérité, il semble n'attacher au terme même de « précieuse » aucun sens défavorable. C'est ce qu'il aurait fait plus complètement, nous dit-il, si on lui en avait laissé le temps :

« On me met au jour sans me donner le

loisir de me reconnaître, et je ne puis même obtenir la liberté de dire deux mots pour justifier mes intentions sur le sujet de cette comédie. J'aurais voulu faire voir qu'elle se tient partout dans les bornes de la satire honnête et permise ; que les plus excellentes choses sont sujettes à être copiées par de mauvais singes qui méritent d'être bernés ; que ces vicieuses imitations de ce qu'il y a de plus parfait ont été de tout temps la matière de la comédie et que, par la même raison que les véritables savants et les vrais braves ne se sont pas encore avisés de s'offenser du docteur de la comédie et du capitan, non plus que les juges, les princes et les rois, de voir Trivelin, ou quelque autre, sur le théâtre, faire ridiculement le juge, le prince ou le roi, aussi les véritables précieuses auraient tort de se piquer lorsqu'on joue les ridicules qui les imitent mal. »

La théorie est simple : elle est, en elle-même, indiscutable. C'est à l'application que la difficulté apparaît. Où finit la « précieuse véritable » ? Où commence la « précieuse ridicule » ? Point délicat, sans doute. J'ajoute même qu'il est permis de prêter au futur auteur des *Femmes savantes* une médiocre sympathie pour les précieuses, véritables ou ridicules. Mais la petite comédie par laquelle Molière venait de signaler ses débuts à Paris, avait causé une telle émotion qu'il s'en était lui-même un peu troublé et craignait de mettre contre lui, à une heure aussi critique de sa carrière, une partie considérable et influente du public parisien. Viennent plus tard les *Femmes savantes* : il n'aura plus besoin de préface, parce que alors il aura gagné son public et trouvé faveur à la Ville et à la Cour.

La transition est facile de la préface des *Précieuses ridicules* à celle du *Tartuffe*; car le moyen de défense est le même, et Molière entend bien qu'on ne le brouille pas avec les *vrais* dévots pour avoir attaqué les *faux*. Ici, bien que mise en doute par des contemporains et même par quelques lecteurs d'aujourd'hui, la bonne foi de Molière ne me paraît pas douteuse. Elle est d'autant plus sensible, cette bonne foi, que l'homme a pris plus d'autorité, et qu'en dépit du déchaînement des colères soulevées par son *Tartuffe*, l'écrivain, que le roi soutient, n'a plus à user d'autant de ménagements. Aussi, quelle raillerie hautaine, quelle mordante ironie dans son entrée en matière :

« Voici une comédie dont on a fait beaucoup de bruit, qui a été longtemps persécutée; et les gens qu'elle joue ont bien fait voir qu'ils étaient plus puissants en France que tous ceux que j'ai joués jusqu'ici. Les marquis, les précieuses, les c..., et les médecins ont souffert doucement qu'on les ait représentés ; et ils ont fait semblant de se divertir, avec tout le monde, des peintures que l'on a faites d'eux. Mais les hypocrites n'ont point entendu raillerie ; ils se sont effarouchés d'abord, et ont trouvé étrange que j'eusse la hardiesse de jouer leurs grimaces, et de vouloir décrier un métier dont tant d'honnêtes gens se mêlent. C'est un crime qu'ils ne sauraient me pardonner ; et ils se sont tous armés contre ma comédie avec une fureur épouvantable. Ils n'ont eu garde de l'attaquer par le côté qui les a blessés ; ils sont trop politiques pour cela, et savent trop bien vivre pour découvrir le fond de leur âme. Suivant leur louable coutume, ils ont couvert leurs intérêts de la cause de Dieu ; et le *Tartuffe*, dans leur bouche, est une pièce qui offense la piété. Elle est, d'un bout à l'autre, pleine d'abominations, et l'on n'y trouve rien qui ne mérite le feu ; toutes les syllabes en sont impies ; et le moindre coup d'œil, le moindre branlement de tête, le moindre pas à droite ou à gauche, y cachent des mystères qu'ils trouvent moyen d'expliquer à mon désavantage. J'ai eu beau la soumettre aux

lumières de mes amis, et à la censure de tout
le monde ; les corrections que j'ai pu faire ; le
jugement du roi et de la reine, qui l'ont vue;
l'approbation des grands princes et de messieurs
les ministres, qui l'ont honorée publiquement de
leur présence ; les témoignages des gens de bien,
qui l'ont trouvée profitable ; tout cela n'a de
rien servi ; ils n'en veulent point démordre ; et
tous les jours encore, ils font crier en public de
zélés indiscrets, qui me disent des injures et
me damnent par charité. »

De tout cela Molière ferait bon marché ; et il
ne cherche pas à convaincre des adversaires si
déterminés et trop intéressés à le combattre.
Ce qui le préoccupe, c'est que ces ennemis
astucieux ont su mettre contre lui « de véritables
gens de bien, dont ils préviennent la bonne foi. »
Voilà ceux auxquels s'adresse la préface du *Tartuffe*, et que Molière conjure « de ne pas condamner les choses avant de les voir. » — « C'est,
dit-il, aux vrais dévots que je veux partout me
justifier sur la conduite de ma comédie ».

Et il ajoute, appuyant sur cette distinction
entre les *vrais* et les *faux* dévots, comme il
l'avait fait, moins sincèrement peut-être, entre
les *véritables* précieuses et les ridicules :

« J'ai mis tout l'art et tous les soins qu'il m'a

été possible pour bien discerner le personnage de l'hypocrite d'avec celui du vrai dévot. J'ai employé pour cela deux actes entiers à préparer la venue de mon scélérat (1). Il ne tient pas un seul moment l'auditeur en balance; on le connaît d'abord aux marques que je lui donne; et d'un bout à l'autre il ne dit pas un mot, il ne fait pas une action qui ne peigne aux spectateurs le caractère d'un homme méchant, et ne fasse éclater celui du véritable homme de bien que je lui oppose. »

Après de telles paroles, comment mettre en doute l'intention du maître, à moins d'accuser Molière d'être plus « tartuffe » que son héros même ? Et que dire de cette brochure où Coquelin, *découvrant*, après plus de deux siècles, une nouvelle interprétation de notre comédie, a voulu soutenir que le héros devait être rendu en bon dévot, en personnage de bonne foi ; fantaisie dont on pourrait comprendre la portée chez l'ami de celui qui a dit : « Le cléricalisme, voilà l'ennemi », mais dont on ne peut admettre l'application qu'en marchant diamétralement contre la pensée de l'écrivain, qui appelle lui-

(1) Je disais plus haut que Tartuffe est un personnage de drame, s'il est vrai que le naïf Orgon en est un de vraie et bonne comédie. Ce mot de « scélérat » en est un aveu sous la plume même de Molière.

même Tartuffe « un méchant homme » et « un scélérat? »

Poursuivons. Objecte-t-on à Molière que les sujets qui traitent de la religion sont mal séants à la scène? Il répond par l'exemple du théâtre espagnol, par les mystères du moyen-âge et les « pièces saintes de M. Corneille, qui sont l'admiration de toute la France. »

Ici, l'argumentation me paraît assez faible. Pour l'Espagne et les mystères, du moins, on peut faire remarquer que, dans un pays ou dans un siècle de foi naïve et générale, telle matière pouvait être traitée sur la scène sans inconvénient, qui ne saurait plus l'être en France et au XVII° siècle. Et quant aux « pièces saintes » de Corneille, il y aurait encore bien à dire, parce que la comédie, dont l'essence est la raillerie et la satire, ne peut être assimilée, comme impression, à la tragédie, où le ton est toujours grave et la donnée toujours prise au sérieux.

Cela soit dit sur la portée générale, j'entends : sur l'inconvénient, que je crois réel, des sujets religieux sur la scène comique. Autrement, je ne suis pas de ceux que le *Tartuffe* scandalise, si, de ceux-là, il en existe encore; car cette comédie m'a toujours paru une œuvre de bonne foi. On est, d'ailleurs, pleinement avec Molière, quand il émet avec crânerie le raisonnement suivant, où il relève, à bon droit, la portée de l'art comique : « Si l'emploi de la comédie est de corriger les vices des hommes, je ne vois pas par quelle raison il y en aura de privilégiés. »

Quelques-uns avaient eu la naïveté de s'indigner que Tartuffe affectât d'user d'un pieux langage. A cela, l'écrivain répond avec toute la bonne foi et la logique possibles :

« On me reproche d'avoir mis des termes de piété dans la bouche de mon imposteur. Hé! pouvais-je m'en empêcher pour bien représenter le caractère d'un hypocrite? Il suffit, ce me semble, que je fasse connaître les motifs criminels qui lui font dire les choses, et que j'en aie retranché les termes consacrés, dont on aurait eu peine à lui entendre faire un mauvais usage [1]. — Mais il débite au quatrième acte une morale pernicieuse. — Mais cette morale est-elle quelque chose dont tout le monde n'eût les oreilles rebattues? Dit-elle rien de nouveau dans ma comédie? Et peut-on craindre que des choses si généralement détestées fassent quelque impression dans les esprits; que je les rende

---

(1) Ici, il me semble que Molière reconnaît lui-même les *dangers* de son sujet comique.

dangereuses en les faisant monter sur le théâtre ; qu'elles en reçoivent quelque autorité de la bouche d'un scélérat ? Il n'y a nulle apparence à cela ; et l'on doit approuver la comédie du *Tartuffe*, ou condamner également toutes les comédies. »

Voilà le vrai mot de la situation. La campagne qu'on mène contre le *Tartuffe* semble viser l'art comique tout entier ; et c'est à la comédie même qu'on fait le procès. C'est là ce qui donne à ce passage tant d'intérêt et tant de portée. C'est ainsi que Molière en vient, dans cette préface d'importance capitale, à prendre en main la cause, pour lui sacrée, de l'art dramatique mis en question. Il le fait avec chaleur comme avec adresse, opposant pères de l'église à pères de l'église, philosophes à philosophes, et surtout raisons à raisons. Si je ne le suis pas à fond dans cet ordre d'idées, répondant si bien, d'ailleurs, à l'objet de cette étude, c'est que la cause me paraît aujourd'hui gagnée, et, par suite, le débat un peu dépourvu d'intérêt. Rappelons seulement la conclusion de l'écrivain sur l'*innocuité* du théâtre, trop volontiers tenu en suspicion :

« J'avoue qu'il y a des lieux qu'il vaut mieux fréquenter que le théâtre ; et, si l'on veut blâmer toutes les choses qui ne regardent pas directement Dieu et notre salut, il est certain que la comédie en doit être ; et je ne trouve pas mauvais qu'elle soit condamnée avec le reste ; mais, supposé, comme il est vrai, que les exercices de la piété souffrent des intervalles, et que les hommes aient besoin de divertissement, je soutiens qu'on ne leur en peut trouver un qui soit plus innocent que la comédie. »

Tout cela est très juste. Et Molière aurait peut-être été plus dans le vrai encore en faisant remarquer que la comédie n'est ni bonne ni mauvaise en elle-même, n'étant qu'un outil, propre à faire le bien ou le mal, selon l'ouvrier qui s'en sert. N'est-ce pas, du reste, le fait de la « langue » du bon Ésope, et celui de presque toutes les choses humaines, bonnes ou mauvaises suivant qu'elles tombent en de bonnes ou de mauvaises mains ?

Avant d'en finir avec la curieuse préface du *Tartuffe*, détachons-en l'anecdote suivante, généralement connue à la vérité, mais qu'il faut replacer ici, parce que le propos qu'elle prête au grand Condé constitue peut-être la défense la plus saisissante comme la plus fine qui ait jamais été présentée en faveur de l'œuvre de Molière :

« Finissons, dit l'écrivain, par le mot d'un grand prince sur la comédie de *Tartuffe*. — Huit jours après qu'elle eut été défendue, on représenta, devant la Cour, une pièce intitulée *Scaramouche Hermite*; et le roi, en sortant, dit au grand prince que je veux dire : « Je vou-
» drais bien savoir pourquoi les gens qui se
» scandalisent si fort de la comédie de Mo-
» lière ne disent mot de celle de *Scara-*
» *mouche?* » A quoi le prince répondit : « La
» raison de cela, c'est que la comédie de *Sca-*
» *ramouche* joue le ciel et la religion, dont ces
» messieurs-là ne se soucient point; mais celle
» de Molière les joue eux-mêmes ; c'est ce
» qu'ils ne peuvent souffrir ».

Nous retrouvons ici ce Scaramouche, c'est-à-dire ce Tiberio Fiorelli, à qui Racine voulait confier *les Plaideurs*, et dont la réputation était telle qu'on a pu lui consacrer l'épitaphe suivante :

> Cet illustre comédien
> De son art traça la carrière :
> Il fut le maître de Molière,
> Et la nature fut le sien.

La comédie à laquelle Molière fait allusion semble avoir été assez licencieuse, s'il est vrai qu'on y voyait un moine escalader nuitamment la chambre d'une femme, pour revenir, par moments, se montrer à la fenêtre, disant : *Per mortificar la carne.* Rien de si osé, assurément, ne pourrait être relevé dans le *Tartuffe.*

Pour en revenir à Molière et à ses idées générales, ses préfaces, rares d'ailleurs, nous offrent, nous venons de le voir, bien peu de chose, en dehors de ce document de polémique qu'est celle du *Tartuffe.* Avait-il l'intention, ce grand poète terrassé en plein exercice de son art d'écrivain et de comédien, de nous livrer un jour, comme le vieux Corneille, le résultat de ses études et de son expérience ? On pourrait le croire, à lire ces quelques lignes de l'*Avertissement* des *Fâcheux :*

« Le temps viendra de faire imprimer mes remarques sur les pièces que j'aurai faites, et je ne désespère pas de faire voir un jour, en grand auteur, que je puis citer Aristote et Horace. En attendant cet examen, qui peut-être ne viendra point, je m'en remets assez aux décisions de la multitude. »

Je ne m'arrête pas à cette idée de prendre la « multitude » pour juge, et, par suite, le succès pour *criterium :* elle est constante chez l'écrivain, et nous la retrouverons plus loin. Ce que j'ai voulu faire voir, c'est que Molière, en nous parlant de cet examen, « qui peut-être ne viendra point », semble avoir eu la pensée de compléter un jour son œuvre écrite par des études théoriques, qui eussent pu être d'un puissant intérêt. La mort, à défaut d'autre obstacle, en a décidé autrement.

Cependant, nous avons l'ébauche de ce travail, semble-t-il, dans ce dialogue exquis de la *Critique de l'École des femmes*, où Molière fait de la critique littéraire, et quelle critique vivante et colorée !... — sous la forme d'une de ces discussions comme sa plume d'écrivain comique est seule capable d'en produire.

Cette page, animée et vibrante, nous est annoncée dans les quelques mots que l'écrivain met en tête de *L'École des femmes*. Écourtant tout sérieux débat, il nous dit alors : « Une grande partie des choses que j'avais à dire est déjà dans une dissertation que j'ai faite en dialogue et dont je ne sais pas encore ce que je ferai ».

Ainsi, la soi-disant *préface* de *L'École des femmes* n'est qu'un renvoi à la *Critique ;* et la *Critique*, sous sa vive allure, en est la vraie préface. C'est pourquoi il nous y faut insister.

Et d'ailleurs, quelle merveille de finesse, d'esprit et de verve, que cette *Critique de l'École des femmes!* Qu'elle est amusante, et quel beau plaidoyer *pro domo meâ* chez le plus grand écrivain comique qui fut jamais en aucun temps, en aucune langue ! Je laisse de côté tout ce qui a trait aux détails de l'œuvre mise ainsi sur la sellette. Molière, il faut l'avouer, n'y est pas toujours de bonne foi, puisqu'il prétend innocenter, à tout prix, ce fameux *le...*, dont l'équivoque *voulue* ne saurait être mise en doute. Mais les idées générales y sont d'une saisissante justesse. — Et, d'abord, cette pointe lancée aux pédants, où le maître aborde la fameuse question des Règles :

« Vous êtes de plaisantes gens avec vos règles dont vous embarrassez les ignorants et nous étourdissez tous les jours ! Il semble, à vous ouïr parler, que ces règles sont les plus grands mystères du monde ; et cependant, *ce ne sont que quelques observations aisées que le bon sens a faites sur ce qui peut ôter le plaisir que l'on prend à ces sortes de poèmes* ; et le même bon sens qui a fait autrefois ces observations les fait fort aisément tous les jours sans le secours d'Horace et d'Aristote. *Je voudrais bien savoir si la grande règle de toutes les règles n'est pas de plaire, et si une pièce de théâtre qui a attrapé son but n'a pas suivi un bon chemin ? Veut-on que tout un public s'abuse sur ces sortes de choses, et que chacun n'y soit pas juge du plaisir qu'il y prend ?* »

De tout ce raisonnement ce dernier point est le plus faible. On a vu parfois le succès faire, d'abord, accueil à une œuvre médiocre. Mais regardons-y de près, et surtout posément : laissons la première effervescence se calmer et le temps faire son œuvre. Alors, le raisonnement de Molière prend toute sa valeur ; aussi bien, la victoire usurpée ne donne qu'un triomphe passager, une surprise de la première heure : elle est sans durée possible, étant sans fondement. Le public, croyons-le, est encore de tous les juges le meilleur, le plus désintéressé et le plus sûr. Si les hommes de goût en forment la moindre part, parce qu'ils sont rares partout, ils n'en sont pas moins, à la longue, la partie dirigeante : n'ont-ils pas des traditions, des liens communs, qui leur assurent, un peu plus tôt, un peu plus tard, cette immanquable direction des idées ? Molière, qui avait conscience de la valeur de son œuvre, pouvait donc, à juste titre, invoquer le succès : comme il avait été de force à le conquérir, il se savait de force à le garder.

Pour la comédie qui vise au grand art et prétend s'élever au-dessus du pamphlet éphémère, une règle importante est de généraliser et de laisser là la satire personnelle pour atteindre ces vices et ces ridicules qui sont de tous les temps et même de tous les pays. C'est à quoi prétend ici Molière. Voyez ce que répond Uranie, lorsque Climène reproche à la comédie du maître les « satires désobligeantes qu'on y voit contre les femmes » :

« Pour moi, je me garderai bien de m'en offenser, et de prendre rien sur mon compte de tout ce qui s'y dit. Ces sortes de satires tombent directement sur les mœurs, et ne frappent les personnes que par réflexion. N'allons pas nous appliquer à nous-mêmes les traits d'une censure générale ; et profitons de la leçon, si nous pouvons, sans faire semblant qu'on parle à nous. Toutes les peintures ridicules qu'on expose sur les théâtres doivent être regardées sans chagrin de tout le monde. Ce sont miroirs publics où il ne faut jamais témoigner qu'on se voie ; et c'est se taxer hautement d'un défaut que se scandaliser qu'on le reprenne ».

La sage Uranie a la prudence et le bon esprit de ne pas vouloir se reconnaître, sauf à profiter en silence de la leçon, ce qui est, en somme, le bon parti à tirer de la comédie. L'auteur, qui la fait parler, tient beaucoup, de son côté, à ce qu'on ne lui impute pas l'intention de faire de la satire personnelle et agressive. Il faut rapprocher de ce passage de *La Critique de l'École des femmes* un fragment, plus important encore, de *L'Impromptu de Versailles*, où Molière, mettant en jeu son propre nom et sa propre personne, se défend très vivement de toutes les *clés* qu'on entend donner de ses portraits comiques[1]. On se souvient de la scène des deux Marquis, où chacun de ces deux personnages prétend reconnaître dans l'autre le modèle du marquis ridicule de la *Critique*. Ils apostrophent le Chevalier (Brécourt) : « Il gage, dit l'un, que c'est moi, et moi, je gage que c'est lui ».

« — Et moi, répond le Chevalier, je gage que c'est ni l'un ni l'autre. Vous êtes fous tous deux de vouloir vous appliquer ces sortes de choses; et voilà de quoi j'ouïs l'autre jour se plaindre Molière, parlant à des personnes qui le chargeaient de même chose que vous. Il disait que rien ne lui donnait du déplaisir comme

---

1. Tout ce qui suit est d'une grande justesse en tant qu'application générale; mais peut-être l'auteur des *Femmes savantes* y oublie-t-il un peu la scène de Vadius et Trissotin.

d'être accusé de regarder quelqu'un dans les portraits qu'il fait ; *que son dessein est de peindre les mœurs sans vouloir toucher aux personnes*, et que tous les personnages qu'il représente sont des personnages en l'air, et des fantômes proprement, qu'il habille à sa fantaisie pour réjouir les spectateurs ; qu'il serait bien fâché d'y avoir marqué qui que ce soit ; et que, si quelque chose était capable de le dégoûter de faire des comédies, c'était les ressemblances qu'on y voulait toujours trouver, et dont ses ennemis tâchaient malicieusement d'appuyer la pensée pour lui rendre de mauvais services auprès de certaines personnes à qui il n'a jamais pensé. En effet, je trouve qu'il a raison ; et pourquoi vouloir, je vous prie, appliquer tous ses gestes et toutes ses paroles, et chercher à lui faire des affaires, en disant hautement, il joue un tel, lorsque ce sont des choses qui peuvent convenir à cent personnes ? *Comme l'affaire de la comédie est de représenter en général tous les défauts des hommes, et principalement des hommes de notre siècle, il est impossible à Molière de faire aucun caractère qui ne rencontre quelqu'un dans le monde;* et, s'il faut qu'on l'accuse d'avoir songé à toutes les personnes où l'on peut trouver les défauts qu'il peint, il faut, sans doute, qu'il ne fasse plus de comédies ».

Que Molière soit plus ou moins sincère dans sa défense personnelle, qu'il n'ait pas parfois cédé à la tentation, grande pour l'auteur comique, de ridiculiser un adversaire, je n'ai pas à l'examiner ici, et telle n'est pas la question. Il est certain, et c'est là le point qui nous occupe, qu'on ne saurait mieux poser les règles générales de la Comédie ni mieux délimiter les droits de l'écrivain comique. A nous de prendre Uranie pour modèle, et de profiter de la leçon sans avoir l'air de nous reconnaître.

Uranie nous ramène à *La Critique*. Il nous faut demander encore quelques extraits à cette mine précieuse. Nous avons vu le maître « s'en remettre » volontiers au jugement de « la multitude ». Ce mot ne doit pas certainement être pris dans un sens aussi démocratique que nous le ferions aujourd'hui : Molière consultait sa servante, mais sur les effets de gros rire seulement. Là où nous entendrions « la plèbe », Molière entend « le peuple », c'est-à-dire tout le monde, grands et petits. Cette « multitude », où il fait entrer les courtisans « avec leurs plumes et leur point de Venise », il l'oppose aux raisonneurs et aux pédants. Elle comprend tous ceux qui « se laissent aller de bonne foi aux choses qui nous prennent par les entrailles et ne cherchent point de raisonnements pour s'empêcher d'avoir du plaisir ». C'est Dorante qui parle ainsi dans cette *Critique de l'École des Femmes*, Dorante, un homme de cour lui-même.

Notre écrivain eût été bien ingrat, d'ailleurs, s'il n'eût gardé bon souvenir de cette Cour, qui, à l'instigation du roi, lui faisait si bon accueil. Nous pardonnons à Molière quelques flatteries à l'adresse de Louis XIV, à qui l'histoire ne fera pas un mince mérite d'être resté son protecteur fidèle ; ne nous étonnons pas, non plus, si Dorante répond vertement, sur le compte de la Cour, au pédant Lysidas :

« Sachez, s'il vous plaît, monsieur Lysidas, que les courtisans ont d'aussi bons yeux que d'autres ; qu'on peut être habile avec un point de Venise et des plumes aussi bien qu'avec une perruque courte et un petit rabat uni ; que la grande épreuve de toutes vos comédies, c'est le jugement de la Cour ; que c'est son goût qu'il faut étudier pour trouver l'art de réussir ; qu'il n'y a point de lieu où les décisions soient si justes ; et, sans mettre en ligne de compte tous les gens savants qui y sont, que, du simple bon sens naturel et du commerce de tout le beau monde, on s'y fait une manière d'esprit qui, sans comparaison, juge plus finement des choses que tout le savoir enrouillé des pédants ».

L'idée est de celles auxquelles Molière s'attache et revient volontiers. On se rappelle, dans *Les Femmes savantes*, la réplique de Clitandre à Trissotin, qui n'est guère que la mise en vers du passage ci-dessus, et qu'il faut noter pour la curiosité du rapprochement :

Vous en voulez beaucoup à cette pauvre Cour,
Et son malheur est grand de voir que, chaque jour,
Vous autres beaux esprits vous déclamiez contre elle,
Que de tous vos chagrins vous lui fassiez querelle,
Et, sur son méchant goût lui faisant son procès,
N'accusiez que lui seul de vos méchants succès.
Permettez-moi, monsieur Trissotin, de vous dire,
Avec tout le respect que votre nom m'inspire,
Que vous feriez fort bien, vos confrères et vous,
De parler de la Cour d'un ton un peu plus doux ;
Qu'à le bien prendre au fond, elle n'est pas si bête
Que, vous autres messieurs, vous vous mettez en tête ;
Qu'elle a du sens commun pour se connaître à tout ;
Que chez elle on se peut former quelque bon goût ;
Et que l'esprit du monde y vaut, sans flatterie,
Tout le savoir obscur de la pédanterie.

De tout cela ressort, avant tout, le principe littéraire fondamental auquel notre grand poète comique se réfère, qui est la haine des précieux et des pédants et l'amour du naturel. Il y a, du reste, cela de curieux chez Molière, — et c'est une tendance de tout le XVII° siècle, — que la critique littéraire joue un rôle important dans son œuvre. Deux de ses comédies s'y rattachent : *Les Précieuses ridicules* et *Les Femmes savantes*. En outre, que de citations de poésies ridicules ! Le *Madrigal* de Mascarille, le *Sonnet* de Trissotin, celui d'Oronte, auquel le maître oppose la naïve chanson :

« Si le roi m'avait donné Paris, sa grand'ville ! »

Arrêtons-nous sur ce couplet du bon vieux temps ! Molière l'admire-t-il autant que paraît le faire Alceste ? Pourquoi pas ? Ce qui, en tout cas, n'est pas douteux, c'est que ce simple cri du cœur lui paraît exquis en regard de toutes les fadaises colportées dans le monde par les beaux esprits des ruelles, de même qu'un coin de prairie arrosé d'une source fraîche nous semble, au sortir du désert, le plus délicieux des paysages.

La simplicité, le naturel, c'est toujours là qu'il en faut venir avec Molière. Il tolère la science chez la femme, à condition qu'elle ne s'en vante pas. Quant aux sots, il ne les admet que dans leur sottise instinctive et naturelle; mais, frottés de science, jamais! Car il est convaincu — a-t-il tort? — que

Un sot savant est sot plus qu'un sot ignorant.

En effet, le sot savant, c'est le pédant; et où trouver une plus lourde bête qu'un pédant?

En ai-je fini avec *La Critique de l'École des Femmes?* Non. Et comment omettre ce précieux passage où Molière établit la supériorité de la Comédie sur la Tragédie. Assurément, le poète prêche pour son saint; mais il prêche si bien qu'on est fort tenté de lui donner raison :

« Quand, pour la difficulté, vous mettriez un peu plus du côté de la Comédie, peut-être que vous ne vous abuseriez pas; car enfin je trouve qu'il est bien plus aisé de se guinder sur de grands sentiments, de braver en vers la fortune, accuser les destins, et dire des injures aux dieux, que d'entrer comme il faut dans le ridicule des hommes, et de rendre agréablement sur le théâtre les défauts de tout le monde. Lorsque vous peignez des héros, vous faites ce que vous voulez; ce sont des portraits à plaisir, où l'on ne cherche point de ressemblance; et vous n'avez qu'à suivre les traits d'une imagination qui se donne l'essor, et qui souvent laisse le vrai pour attraper le merveilleux. Mais lorsque vous peignez les hommes, il faut peindre d'après nature : on veut que les portraits ressemblent; et vous n'avez rien fait, si vous n'y faites reconnaître les gens de votre siècle. En un mot, dans les pièces sérieuses, il suffit, pour n'être point blâmé, de dire des choses qui soient de bon sens, et bien écrites ; mais ce n'est pas assez dans les autres, il y faut plaisanter; et c'est une étrange entreprise que celle de faire rire les honnêtes gens ».

Comment ne pas être frappé de la justesse de ces réflexions ? Au demeurant, sérieux ou comique, tout ce qui est théâtre doit viser à la vérité. Mais, tandis que la Tragédie, fondée sur des catastrophes et des aventures peu communes, poursuit une vérité d'exception, sur laquelle nous pouvons aisément faire illusion à nous-mêmes et aux autres, la Comédie s'attache à la vérité courante, où le moindre écart se fait sentir, où la moindre fausse note détonne. Ce n'est donc pas seulement comme *difficulté*, c'est comme *portée* que la bonne comédie me paraît au-dessus de tout. Si l'art peut renfermer une leçon, — et, en dépit des railleurs, comment en douter? — cette leçon n'a que de rares applications quand elle s'adresse aux héros et aux grands politiques; mais elle prend toute sa valeur en se mettant au niveau du commun des hommes. Napoléon aurait fait de Corneille son premier ministre, et Pierre-le-Grand lui eût donné la moitié de son empire pour apprendre de lui à gouverner l'autre; mais nous autres, qui ne sommes ni des Napoléon, ni des Pierre-le-Grand, combien plus d'enseignements ne puisons-nous pas dans Molière !

Un point est à relever encore dans le passage que j'ai cité. Molière n'y vise qu'à peindre « les hommes de son siècle ». Déjà, il disait la même chose dans l'extrait que j'ai donné de *L'Impromptu de Versailles*. N'avons-nous pas lieu de nous étonner, lorsque de l'avis de tous, y compris les étrangers, volontiers jaloux de nos gloires, cet écrivain est celui qui a le mieux peint les hommes de tous les pays et de tous les temps, disons : « l'homme », pour employer une expression dont il s'est servi plusieurs fois lui-même, et qui est singulièrement forte dans son absolue simplicité.

La vérité, c'est qu'avec la puissance instinctive de son génie et cette sagacité d'observation qui en fait le fond, Molière, tout en nous donnant l'allure extérieure des hommes de son temps, pénètre au cœur même de la nature humaine, saisissant, dans chaque caractère, les traits typiques et impérissables, ceux qui, à travers les siècles et les frontières, sont et seront éternellement vrais, je ne dirai pas, comme le vieux Corneille, « tant qu'il y aura des théâtres et des acteurs », mais tant qu'il y aura des êtres humains sujets à nos faiblesses et agités de nos passions.

Aussi, si nous mettons de côté quelques détails de pure forme, qui sont la marque inévitable du temps, combien a-t-il moins vieilli, non seulement que les écrivains comiques du XVIII siècle, mais que tels du XIX, voire même ces auteurs vivant encore parmi nous, mais passés de mode et morts à l'art, dont les œuvres ne sauraient se reprendre après que vingt années seulement ont passé sur elles.

Et si, au lieu de franchir le temps, vous franchissez les frontières, ce qui est à peu près la même chose [1], vous verrez notre Molière aimé et lu partout où la nature humaine est étudiée et comprise. Ce n'est pas seulement dans toutes les langues européennes que Molière est tra-

1. Rappelons-nous le mot de Racine à propos de *Bajazet* : sur ce qui est à *mille ans* ou *mille lieues* de nous.

duit : n'a-t-il pas été dit qu'un lettré persan s'est avisé de faire connaître *Le Misanthrope* à ses compatriotes? C'est que la plupart des types du maître, jaloux, avares, maris ridicules, serviteurs familiers, hypocrites, amoureux, pédants mêmes, sont aussi vrais dans un hémisphère que dans l'autre.

Que de choses dans un menuet! disait un maître à danser, qui semblait se piquer d'un peu de philosophie. Que de choses, pouvons-nous dire, et à plus juste titre encore, dans cette page de critique littéraire qui a nom *La Critique de l'École des femmes!*

Mais nous avons eu à y joindre, en raison de certains points de contact, ce petit acte, non moins curieux, que Molière intitule *L'Impromptu de Versailles.* Là encore, nous prenons sur le fait, et dans sa formation intime, la pensée du maître. Est-il une exploration de plus haut intérêt pour tout esprit curieux de ces dessous du grand art? — Ce qui m'empêche, cependant, d'étudier *L'Impromptu*, comme je viens de faire *La Critique*, c'est que ce travail sortirait du cadre de mes recherches, en ce que ce n'est plus ici l'écrivain qui nous livre sa pensée secrète, mais le comédien.

Les idées de Molière sur la déclamation ne

sont guère moins précieuses à recueillir que celles qu'il émet sur la création de ses œuvres ; mais je n'aurais pas le loisir de m'y arrêter. Disons seulement que les théories du comédien concordent pleinement avec celles de l'écrivain, et que tous deux ont un idéal commun : la simplicité, le naturel.

L'auteur de *L'Impromptu* raille et pourchasse les diseurs boursouflés, comme celui de *La Critique* les pédants « au savoir enrouillé ». Il est très curieux, disons-le en passant, pour ceux qui voudraient se livrer à une étude comparative, de rapprocher les conseils donnés par Molière aux comédiens de France, de ceux que Shakespeare qui fut, comme lui, auteur, directeur et acteur à la fois, donne, dans *Hamlet*, aux comédiens anglais. Qui croirait que ces deux esprits, si différents d'allure et de pensées, aboutissent, sur ce terrain, aux mêmes conclusions ? Qui penserait que ce Shakespeare, qui ne nous apparaît guère comme un « simple » et un ami du naturel, fasse, tout comme notre Molière, la guerre aux déclamateurs emphatiques ? C'est cependant ce qu'on peut vérifier en se reportant à la scène où le prince Hamlet converse avec les acteurs survenus au château d'Elseneur.

Mais laissons là ce hors-d'œuvre. Au milieu de ses conseils aux comédiens, Molière nous livre, dans *L'Impromptu de Versailles*, un renseignement bien précieux et qu'il m'est impossible de passer sous silence. Ce sont tous les projets de comédies qu'il roulait alors dans son puissant cerveau. Dans la scène des deux marquis avec Brécourt, un des deux courtisans prétend que Molière est « épuisé » et ne trouvera plus de matière pour sa verve satirique. Et Brécourt répond par ce long couplet, d'une si grande valeur documentaire :

« Hé, mon pauvre marquis, nous lui en fournirons toujours assez; et nous ne prenons guère le chemin de nous rendre sages, pour tout ce qu'il fait et tout ce qu'il dit. Crois-tu qu'il ait épuisé dans ses comédies tout le ridicule des hommes ? Eh! sans sortir de la Cour, n'a-t-il pas encore vingt caractères de gens où il n'a pas touché ? N'a-t-il pas, par exemple, ceux qui se font les plus grandes amitiés du monde, et qui, le dos tourné, font galanterie de se déchirer l'un l'autre ? N'a-t-il pas ces adulateurs à outrance, ces flatteurs insipides qui n'assaisonnent d'aucun sel les louanges qu'ils donnent, et dont toutes les flatteries ont une douceur fade qui fait mal au cœur à ceux qui les écoutent ? N'a-t-il pas ces lâches courtisans de la faveur, ces perfides adorateurs de la fortune, qui vous encensent dans la prospérité, et vous accablent dans la disgrâce? N'a-t-il pas ceux qui sont toujours mécontents de la Cour, ces suivants inutiles, ces incommodes assidus, ces gens, dis-je, qui, pour services, ne peuvent compter que des importunités, et qui veulent qu'on les récompense d'avoir obsédé le prince dix ans durant? N'a-t-il pas ceux qui caressent également tout le monde, qui promènent leurs civilités à droite et à gauche, et courent à tous ceux qu'ils voient, avec les mêmes embrassades et les mêmes protestations d'amitié ? « Monsieur, votre très humble serviteur. Monsieur, je suis tout à votre service. Tenez-moi des vôtres, mon cher. Faites état de moi, monsieur, comme du plus chaud de vos amis. Monsieur, je suis ravi de vous embrasser. Ah ! monsieur, je ne vous voyais pas. Faites-moi la grâce de m'employer; soyez persuadé que je suis entièrement à vous. Vous êtes l'homme du monde que je révère le plus. Il n'y a personne que j'honore à l'égal de vous. Je vous conjure de le croire. Je vous supplie de n'en point douter. Serviteur. Très humble valet. » Va, va, marquis, Molière aura toujours plus de sujets qu'il n'en voudra; et *tout ce qu'il a touché jusqu'ici n'est que bagatelle au prix de ce qui reste.* »

On voit quel vaste champ d'observation s'ouvrait alors devant la pensée du poète. Il est vrai qu'il était presque au début de sa carrière; car ce n'est que cinq ans après sa rentrée à Paris, dix ans avant sa mort, qu'il écrivait cette précieuse page, et esquissait ces figures, dont quelques-unes ont été plus tard achevées par lui. Mais combien ne lui en restait-il pas encore à faire vivre, lorsqu'il fut enlevé dans la pleine maturité de son génie ! Ne voit-on pas déjà poindre, dans cet intéressant passage de *L'Impromptu,* cette comédie de *L'Homme de Cour,* dont il aurait, dit-on, emporté la pensée dans la tombe ?

Me voici arrivé au terme de cette première partie, celle que j'ai consacrée au xvii° siècle. Ne m'occupant que des maîtres, j'ai dû passer bien des noms sous silence. Quant à Regnard, si je n'en parle pas, ce n'est pas que je range parmi les auteurs à négliger celui que Boileau ne pouvait entendre traiter de « médiocre », sans s'écrier : « En tout cas, il n'est *pas médiocrement gai* ». Trouver de la gaîté après Molière, c'est presque un brevet de génie. Ce n'est pas non plus parce que l'auteur du *Légataire universel* est à cheval sur deux siècles ; car, par plus d'un point, et surtout par la nature de sa verve comique, il est bien le contemporain de Molière. La raison de mon silence est beaucoup plus simple et plus péremptoire : c'est que Regnard n'a jamais écrit à côté de son théâtre. Cet homme heureux, que les tourments de sa captivité chez les Barbaresques n'étaient pas parvenus à rendre morose, prenait tout, dans la vie, trop joyeusement pour se donner même la peine de défendre ses œuvres. Il les lançait dans le monde, comme il s'y lançait lui-même, insouciamment et sans philosophie importune. D'ailleurs, je l'ai dit, et nous le vérifierons à loisir, les écrivains comiques usent peu des précautions oratoires dont les auteurs plus graves sont prodigues.

Molière lui-même nous en a fourni la preuve, puisque, à part *Les Précieuses ridicules*, *L'École des femmes*, *Tartuffe*, œuvres militantes appelant leur justification, il a livré presque toutes ses comédies à l'impression sans plaidoyer ni commentaire.

Regnard, cependant, qui a si souvent marché sur les brisées de Molière, a écrit sa *Critique du Légataire universel*, à l'imitation de celle de *L'École des femmes*. Dans cette saynète, calquée en majeure partie sur l'autre, un pédant nommé Boniface fait pendant au Lysidas du maître, tandis qu'un marquis raisonnable y prend le rôle de Dorante. Mais de critique il n'y a là que l'apparence ; et cette *pochade* dramatique, assez amusante en somme, ressemble plutôt à un coup de réclame en faveur du *Légataire*, où chaque personnage se plaint de ne pouvoir trouver place, si grande est l'affluence.

Notons-y pourtant un trait d'une surprenante modestie, qui, chose peu croyable, paraît sincère. — Un comédien et un chevalier s'entretiennent du *Légataire universel ;* et comme le dernier dit force mal de la pièce, que, — par parenthèse, et ce trait est emprunté au marquis-turlupin de Molière, — l'affluence ne lui a pas permis d'entendre, et comme il s'écrie pompeusement : « J'en appelle à la postérité, et le siècle à venir me fera raison du mauvais goût de celui-ci », le comédien répond d'un ton plus doux : « Quelque succès qu'ait notre pièce, nous n'espérons pas, monsieur, qu'elle passe aux siècles futurs ; il nous suffit qu'elle plaise présentement à quantité de gens d'esprit, et que la peine de nos acteurs ne soit pas infructueuse ».

Que signifie cette déclaration? Est-ce coquetterie d'auteur, ou réellement Regnard ne soupçonnait-il pas ce qu'il y a, dans son *Légataire*, de portée littéraire et de durable, d'impérissable gaîté? Fait-il de la bonne comédie sans le savoir, comme le Bourgeois-gentilhomme faisait de la prose? — Ce qui est certain, c'est que le génie comique est, chez lui, instinctif avant tout, et qu'il n'y a pas d'écrivain moins théorisant.

Pour nous résumer sur le siècle que nous venons de parcourir, les pages que les écrivains de ce temps ont écrites pour la défense de leurs œuvres, se maintiennent dans une grande réserve quant aux principes de l'art dramatique, et témoignent d'un respect profond pour les règles reconnues et acceptées. Si quelque dérogation y est apportée, l'auteur plaide les circonstances atténuantes, invoque le cas particulier, et n'entend pas poser en principe l'affranchissement de la loi générale.

Nous verrons bien autre chose à la fin du XVIII° siècle, et surtout au XIX°. Alors, l'affranchissement de toutes règles, et de celles même qu'indique le plus vulgaire bon sens, sera revendiqué comme la condition nécessaire de l'art. Au demeurant, il en est un peu, chez nous, de l'art dramatique, comme de la langue française. Ne sait-on pas que le XVII° et le XVIII° siècles ont employé tous leurs soins à *faire* notre langue, et que le XIX° n'a pas mis moins d'ardeur à la *défaire?*

CHAPITRE II

LES ÉCRIVAINS DRAMATIQUES DU XVIIIᵉ SIÈCLE

I

L'homme du xviiiᵉ siècle qui a le plus écrit de notes, notices, préfaces, avertissements, lettres et éclaircissements sur ses ouvrages dramatiques est assurément Voltaire. Qu'on ne m'accuse pas, d'ailleurs, en écrivant ces mots, d'oublier Diderot et Beaumarchais. On m'accordera, je pense, que, par leurs idées sur le théâtre, ces deux hommes appartiennent, en réalité, moins au xviiiᵉ siècle qu'à une époque intermédiaire, où, déjà, l'on voit poindre très nettement l'aurore du xixᵉ. Voltaire, au contraire, est bien de son temps ; et, loin de le devancer, s'il devait être rattaché, par ses tendances, à un autre siècle que le sien, ce serait à celui qui le précède, et non à celui qui le suit.

Je parle de ses théories dramatiques, bien entendu. Sur ce point, l'auteur de *Mahomet* est un classique, médiocre peut-être, mais un classique convaincu. S'il préconise quelques réformes et les fait prévaloir, ce sont, presque exclusivement, des réformes de détail et de forme. Quant au fond, ce révolutionnaire est conservateur dans l'âme, et ne jure que par Aristote et les trois unités. C'est au point que, dans la préface d'*Œdipe*, nous trouvons ces lignes, aujourd'hui stupéfiantes : « Une seule action ne peut se passer dans plusieurs lieux à la fois. Si les personnages que je vois sont à Athènes au premier acte, comment peuvent-ils se trouver en Perse au second ? »

— Et pourquoi pas ? seriez-vous tenté de dire. Est-ce qu'il n'y a pas des gens qui vont d'Athènes en Perse ? — Mais vous oubliez qu'il ne s'agit pas ici seulement de l'unité de lieu, mais aussi de l'unité de temps, et que Voltaire en est encore à la nécessité de clore son action dans les vingt-quatre heures !

Au reste, si Voltaire a beaucoup écrit *autour*

de ses œuvres, peut-on s'en étonner ? Grand écrivain, et surtout grand écrivassier ; toujours prêt à théoriser *de omni re scibili* ; épris de la réclame, jusqu'à professer d'elle ce qu'il a bien voulu dire de Dieu, que, si elle n'existait pas, il faudrait l'inventer ; par suite, producteur infatigable d'épîtres dédicatoires, de lettres ronflantes à des personnages au nom retentissant, papes, impératrices, rois, voire même de simples négociants anglais, à l'égard desquels son affabilité se rehausse encore de l'aisance avec laquelle il vient d'entretenir les souverains ; Voltaire est le moins inconscient des littérateurs, celui qui s'entend le mieux à *lancer* ses œuvres, à leur ménager, *per fas et nefas*, les plus grandes chances de succès possibles. Si j'osais, et si je ne craignais d'outrager nos pères, qui l'ont placé si haut, je dirais que c'est le roi des Cabotins.

Ses préfaces, ses notices, ne sauraient compter peut-être parmi les plus intéressantes ; mais ce sont assurément les plus militantes, les plus acharnées à défendre l'ouvrage qu'elles précèdent. On dirait ces chiens de garde qui ont belle voix et bonne mâchoire, pour tenir en respect les assaillants. *Cave canem !*

Les attaques contre Fréron y sont restées

célèbres. Voltaire ne va pas à moins qu'à parler des galères, ce qui donne tout de suite le ton des aménités qu'on se jetait à la tête au siècle galant où la Dubarry prévenait son ami « la France » que son café « f... tait le camp ». Les pires grossièretés même ne font pas défaut à l'écrivain ; témoin, ses pudeurs au sujet du mot cul-de-sac, dans l'adresse, placée en tête de *L'Écossaise*, du prétendu Jérôme Carré, « à Messieurs les Parisiens », et le lien que sa pensée établit aussitôt entre ce terme et « le sieur F... ci-devant j... »

Tout cela est bien loin de nous ; et Fréron nous intéresse si peu aujourd'hui, Voltaire, même, comme auteur dramatique, comme auteur comique surtout, a une personnalité si effacée et si mince, qu'on perdrait son temps à trop s'arrêter sur ces choses mortes.

Ce qui doit nous retenir un peu plus, ce qui justifie mieux notre attention, — car le nom illustre des victimes agrandit ici la querelle, — c'est de voir l'orgueilleux Voltaire traiter les plus beaux génies des siècles passés avec presque autant de désinvolture que s'ils étaient de simples Fréron. C'est dans la préface de *L'Orphelin de la Chine*, ou plutôt l'épître dédicatoire au Maréchal de Richelieu, qu'il nous parle de « ces farces monstrueuses de Shakespeare et de Lope de Vega, qu'on a nommées tragédies ». On se tâte aujourd'hui en lisant ces choses, et on se demande si l'on est bien éveillé.

Chacun connaît, d'ailleurs, son jugement sur *Hamlet*, cette œuvre digne « d'un sauvage ivre ». Cependant, mon travail serait incomplet, si je ne transcrivais cette page, extraite de la *Dissertation sur la tragédie*, placée en tête de *Sémiramis*; car elle a droit, comme curiosité, à sa place dans ce recueil de documents littéraires.

« Je suis bien loin assurément, dit Voltaire, de justifier en tout la tragédie d'*Hamlet* ; *c'est une pièce grossière, barbare, qui ne serait pas supportée par la plus vile populace de la France et de l'Italie... On croirait que cet ouvrage est le fruit de l'imagination d'un sauvage ivre*. Mais parmi ces irrégularités grossières, qui rendent encore aujourd'hui le théâtre anglais si absurde et si barbare, on trouve dans *Hamlet*, par une bizarrerie encore plus grande, des traits sublimes, dignes des plus grands génies. Il semble que la nature se soit plue à rassembler dans la tête de Shakespeare ce qu'on peut imaginer de plus fort et de plus grand avec *ce que la grossièreté sans esprit peut avoir de plus bas et de plus détestable.* »

Il y a bien, pour tout dire, un fonds de vérité dans ces réserves de Voltaire sur Shakespeare, qui fut un grand génie déséquilibré ; et la preuve, c'est qu'il est tel trait d'*Hamlet*, qu'aujourd'hui même, les défenseurs les plus fanatiques du théâtre anglais n'ont jamais osé traduire à la scène. Mais quelle exagération, et combien notre prophète est mal inspiré ! Cette « pièce grossière et barbare, qui ne serait pas supportée par la plus vile populace de la France et de l'Italie », c'est, de toutes les œuvres empruntées au théâtre étranger, celle qui se représente le plus souvent et se voit le mieux accueillie sur notre scène.

Même courte vue, quand notre écrivain se trouve en face de l'*OEdipe-Roi*, ce chef-d'œuvre impeccable. Même irrévérence envers l'admirable poète grec. Sophocle serait un écrivain de dixième ordre que Voltaire ne le traiterait pas avec un plus dédaigneux sans-gêne. Il faut lire les lettres à M. de Genouville, en tête de l'*OEdipe* français, où notre auteur relève, chez Sophocle, les « grossièretés », les « absurdités ». Notant même certains oublis du maître plus ou moins justement relevés, il va jusqu'à dire : « J'avoue que je ne connais point de terme pour exprimer une pareille *absurdité*. » Ailleurs, c'est « une *extravagance* dont il n'y a pas d'exemples parmi les modernes, *ni même* (notez ce : *ni même*) parmi les anciens ». Il établit, enfin, triomphalement que « Sophocle n'avait pas perfectionné son art, qu'il ne savait même pas préparer les événements. » Et c'est d'*Œdipe-Roi* qu'il parle [1]!

Avais-je tort de dire qu'on croit rêver? Quand on pense que c'est l'auteur de cet *Œdipe* d'il y a un siècle, tombé aujourd'hui dans l'éternel oubli, qui traite ainsi ce merveilleux *Œdipe-Roi*, qui, à travers plus de deux mille ans, fait encore notre admiration, et tient, vivant, sa place dans notre répertoire, on est effrayé de l'outrecuidance et de l'orgueilleux aveuglement de Voltaire.

Poursuivons cependant; car un tel ridicule finit par confiner, à sa façon, au sublime.

---

1. Voici, au reste, ce que, dans les mêmes lettres, Voltaire dit des tragiques grecs : « Leurs ouvrages méritent d'être lus sans doute ; et, s'*ils sont trop défectueux pour qu'on les approuve*, ils sont aussi trop pleins de beautés pour qu'on les méprise ENTIÈREMENT ». Que penser de cette désinvolture de l'auteur de *Zaïre* pour les auteurs de *Prométhée*, d'*Œdipe-Roi*, d'*Iphigénie*? Voltaire renvoie les Grecs dos-à-dos avec ce « sauvage ivre de Shakespeare » qui se trouve ainsi en assez bonne compagnie.

Après avoir écrasé, pulvérisé Sophocle, qui ne saurait plus s'en relever, notre auteur use d'une condescendance magnanime, qu'il faut noter : « Pour moi, après avoir dit bien du mal de Sophocle, je suis obligé de vous en dire tout le bien que j'en sais, différent en cela des médisants, qui commencent toujours par louer un homme, et qui finissent par le rendre ridicule... J'avoue que peut-être, sans Sophocle, je ne serais jamais venu à bout de mon *OEdipe :* je ne l'aurais même jamais entrepris ».

Et il cite une ou deux scènes inspirées, chez lui, du poète grec, et ajoute : « Je voudrais lui avoir d'autres obligations, je les avouerais avec la même bonne foi » — Ainsi « tout le bien qu'il sait de Sophocle », c'est d'avoir contribué, pour une petite part, à faire naître son *OEdipe,* à lui ! Est-ce qu'après ce trait-là, il ne faut pas, comme on dit, tirer l'échelle ?

Eh ! bien, non, ne la tirons pas ; car en voici un autre, où notre écrivain se surpasse peut-être encore lui-même, et toujours dans les mêmes lettres à M. de Genouville. La rapidité de l'action, condensée en un court espace de temps, paraît à Voltaire une condition primordiale des bonnes tragédies. C'est la règle de l'unité de temps qu'il reprend à son compte et pousse à ses plus extrêmes limites. Ceci posé, il cite les chefs-d'œuvre inspirés par cette sévérité. Laissons-le parler :

« Il ne faut pas que l'action dure plus de trois heures. *Cinna*, *Andromaque*, *Bajazet*, *Œdipe*, soit celui du grand Corneille, soit celui de M. de la Motte, soit même le mien, si j'ose en parler, ne durent pas davantage. »

Voici le comble ! Ce n'était pas assez de n'avoir vu dans l'*Œdipe-Roi* qu'un tissu d'absurdités ; il lui réservait cet affront, plus sanglant et plus dédaigneux encore, d'une stupéfiante omission. Après *Cinna*, après *Andromaque*, après *Bajazet*, il songe à citer un *Œdipe;* et il pense à celui de Corneille, à celui de La Motte, au sien même, au sien surtout. Il n'en oublie qu'un, et c'est celui de Sophocle ! Dernier mot de l'indépendance du cœur !

Pourquoi pensé-je ici à l'un des maîtres de la comédie contemporaine, au bon Labiche ? Vous rappelez-vous Perrichon, cet ingrat si plein de cœur et de bonne foi, tellement fier d'avoir « arraché un homme à la mort », qu'il se tourne vers son sauveur de la veille, en lui disant : « Ah ! jeune homme, vous ne savez pas quel plaisir on éprouve à sauver son semblable ! » Il me semble voir de même Voltaire

qui rencontre Sophocle et l'entendre lui dire :
« Ah! mon bon Sophocle, tu ne sais pas quel
plaisir c'est d'avoir fait un bel *OEdipe!* »
Oublier Sophocle, après l'avoir dépouillé, c'est
plus fort peut-être que d'imiter Shakespeare
pour le nommer ensuite : « Sauvage ivre ».

Il y a comme deux hommes dans Voltaire
préfacier : l'auteur vaniteux, qui voudrait toujours parler de lui, et l'homme d'esprit, qui le
surveille et a peur qu'il ne se rende ridicule.
Mais le second a beau faire, c'est toujours le
premier qui l'emporte. Qui croirait que, dans
ces lettres à M. de Genouville, dont je viens de
parler, et qui forment la préface d'*OEdipe*,
notre écrivain se surveille et croit se mettre en
garde contre l'infatuation?

« On ne voit, y dit-il, que trop d'auteurs
dramatiques qui impriment à la tête de leurs
ouvrages des préfaces pleines de vanité; qui
comptent les princes et les princesses qui
sont venus pleurer aux représentations; qui
ne donnent d'autre réponse à leurs censeurs
que l'approbation du public; et qui, enfin,
après s'être placés à côté de Corneille et de
Racine, se trouvent confondus dans la foule
des mauvais auteurs dont ils sont les seuls qui
s'exceptent.

« J'éviterai du moins ce ridicule; je vous parlerai de ma pièce plus pour vous avouer mes défauts que pour les excuser; mais aussi je traiterai Sophocle et Corneille avec autant de liberté que je me traiterai moi-même avec justice ».

Nous avons vu comme il s'entend à « éviter ce ridicule », et comme il sait rendre justice aux autres et à lui-même. Ce railleur, qui n'a pas assez de sarcasmes pour les « absurdités » des Grecs, trouve, en lui-même, pour lui-même, des trésors d'indulgence. Avez-vous jamais eu le courage de lire l'ennuyeuse *Ecossaise*, cette devancière des plus mauvais drames de Beaumarchais? Voltaire, qui feint d'avoir traduit sa pièce de l'anglais, pour pouvoir nous en dire à l'aise tout le bien qu'il en pense, croit vraiment y marcher dans les souliers de Molière :

« Quant au genre de la pièce, dit-il dans sa préface, il est dans *le haut comique*, mêlé au genre de la simple comédie. L'honnête homme y sourit de *ce sourire* de l'âme, préférable au rire de la bouche ».

Où vais-je parler de Molière? Je fais tort à *L'Ecossaise;* car, dans le théâtre de Molière, on ne rit que « du rire de la bouche »! Voltaire seul connaît *le haut comique*. Si ce n'est dans ses comédies, c'est, au moins, dans ses préfaces.

Mais je veux faire avec Voltaire comme il a fait lui-même avec Sophocle, agir à l'inverse des médisants, et, après avoir noté le mal, relever le bien.

Rendons-lui cette justice qu'il n'a cessé, dans ses préfaces, de protester contre un abus des théâtres du temps : la présence des spectateurs sur la scène; et ajoutons, à sa gloire, qu'il a fini par en avoir raison. Il fait même une très juste remarque, quand il note que cet abus a été bien plus funeste qu'on ne peut le penser d'abord, au développement de l'art dramatique.

« Il ne faut pas, dit-il, s'y méprendre; un inconvénient tel que celui-là seul a suffi pour priver la France de beaucoup de chefs-d'œuvre [1], qu'on aurait sans doute hasardés, si on avait eu un théâtre libre, propre pour l'action, et tel qu'il est chez toutes les autres nations de l'Europe ».

L'observation est judicieuse; et il est certain que cette absurde tolérance, destructive de l'illusion et de tout bon règlement de la mise

---

1. Théoriquement, cela ne semble pas douteux; en fait cependant, il faut se rappeler que c'est sous l'empire de cet abus que les plus beaux chefs-d'œuvre français sont nés.

à la scène, a forcément renfermé le théâtre dans les limites d'un art un peu trop conventionnel, à qui le mouvement et la vie extérieure étaient presque absolument interdits. Reconnaissons donc ici l'utile intervention de Voltaire. Mais ce n'est là qu'une réforme d'ordre matériel, si importante qu'elle soit, et qui ne marque pas, de la part de l'écrivain, une réelle action exercée sur la production théâtrale.

Voici une autre observation, touchant plus au cœur de l'art, et où l'instinct des choses de théâtre se révèle davantage. Je la relève dans la préface de *Marianne* :

« Une des premières règles, dit Voltaire, est de peindre les héros tels qu'ils ont été, ou *plutôt* tels que le public les imagine; car il est bien plus aisé de mener les hommes par les idées qu'ils ont, qu'en voulant leur en donner de nouvelles ».

Vérité élémentaire, quoique trop souvent méconnue. N'essayez pas, dans le drame historique, de vouloir donner à un personnage célèbre une autre physionomie que celle que la tradition la plus vulgaire, la plus plate même, lui attribue sans conteste, parce que la scène n'a rien de commun avec une chaire d'histoire, et que nous n'avons pas le loisir d'y combattre et d'y rectifier les opinions reçues. Il faut, ou renoncer aux figures historiques célèbres, ou les prendre telles que l'opinion publique les a fixées et consacrées. Présentez-vous au public un Philippe II d'Espagne? Qu'il se détache, pensif et sombre, sur l'arrière-fond que lui fait l'Inquisition! Rien ne vous servirait d'avoir découvert des documents nouveaux autorisant la supposition d'un Philippe II aimable et souriant. Au théâtre, on ne peut pas heurter de front les idées reçues, fussent-elles des préjugés; on n'en a pas le temps.

Enfin, Voltaire, si dur pour ce théâtre anglais dont il s'est souvent inspiré, reconnaît qu'il lui doit une heureuse innovation, et qui était appelée à s'établir victorieusement sur la scène : celle de ne plus se renfermer exclusivement dans l'antiquité et de demander des sujets à notre histoire nationale :

« C'est au Théâtre Anglais que je dois la hardiesse que j'ai eue de mettre sur la scène les noms de nos rois et des anciennes familles du royaume. Il me paraît que cette nouveauté pourrait être la source d'un genre de tragédie qui nous est inconnu jusqu'ici, et dont nous avons besoin. »

Ne quittons pas enfin Voltaire sans lui rendre

cette justice qu'il a eu le bon esprit de railler à l'avance — et combien à l'avance! — la ridicule infatuation de ce « Tout-Paris », effaçant d'un trait de plume tout ce qui ne fait pas partie de son tout petit clan; prétention qui serait déjà bien orgueilleuse, si ce « Tout-Paris » devait comprendre les plus éminents esprits de la grand'ville, mais absolument folle, quand on pense à toutes les nullités qui, de leur propre autorité, s'y décernent l'entrée. Notre écrivain, dans une lettre à un ami, sur son *Adélaïde du Guesclin*, en parle très finement :

« Vous savez, dit-il, ce que j'entends par le public : ce n'est pas l'Univers, comme nous autres barbouilleurs de papier l'avons dit quelquefois. Le public, en fait de livres, est composé de quarante ou cinquante personnes, si le livre est sérieux; de quatre ou cinq cents, lorsqu'il est plaisant; et d'environ onze à douze cents, s'il s'agit d'une pièce de théâtre. Il y a toujours dans Paris plus de cinq cent mille âmes qui n'entendent jamais parler de tout cela ».

Terminons sur ce trait. Après le Voltaire orgueilleux et infatué jusqu'à la folie, voilà le Voltaire du bon sens, qui, son intérêt à part et son amour-propre hors de cause, voit clair enfin et raille justement. C'est sur celui-là qu'il faut finir cette étude, qu'on ne m'accusera pas d'avoir trop développée, si l'on songe au nom fameux de l'homme, et qui eût été bien courte assurément, si je ne l'avais mesurée qu'à l'influence qu'il exerça sur le théâtre, et à la place, moindre chaque jour, qu'il y occupe aujourd'hui.

II

Voltaire passé, il faut, pour trouver des pages critiques intéressantes, aller jusqu'aux précurseurs de la Révolution; il faut atteindre cette époque où, la littérature devançant les autres manifestations de la pensée humaine, on peut dire que, déjà le xix⁰ siècle commence. Les auteurs de l'époque intermédiaire, comme l'aimable Marivaux, par exemple, ne sont pas des théorisants. Au contraire, des deux illustres écrivains, qui, placés à la fin du xviii⁰ siècle, inaugurent déjà le xix⁰, l'un est un théorisant, et l'autre joint à cette qualité une vive intuition du métier. J'ai cité plus haut ces noms retentissants : Diderot, Beaumarchais !

Diderot a adoré le théâtre : il a écrit, non seulement des ouvrages dramatiques, ou qu'il a crus tels, mais aussi des préfaces, des dissertations sur l'art théâtral. Il semblerait, tout d'abord, que ces pages rentrent essentiellement dans le cadre de mon étude. Cependant, je n'en crois rien, et je m'explique. Je me suis efforcé de rechercher, dans les préfaces et écrits justificatifs des *grands* auteurs dramatiques, la part de critique et de théorie qu'elles renferment, et de voir, par suite, dans quelle mesure ce qu'ils ont fait procède de ce qu'ils ont voulu faire. Or, Diderot a raisonné, en *dilettante* éclairé, des choses de théâtre, et plus, à vrai dire, de l'art de la déclamation (voir son *Paradoxe sur le Comédien*) que de celui de la composition théâtrale. Mais l'auteur du *Fils naturel*, de *Est-il bon? Est-il mauvais?*, du *Père de famille* est-il un grand écrivain de la scène? Hélas! Je laisse à ceux qui ont eu le courage (il en faut) de lire ces œuvres mortes, et bien mortes, le soin de répondre à cette question.

Cependant cet écrivain, qui, comme auteur dramatique, ne compte véritablement pas, a eu, sur le théâtre du xixe siècle, une influence incontestable. Ce déclamateur, qui se croyait un réaliste, — qui le fut même par bouffées, dans certaines scènes, où il inaugure le style coupé, la phrase suspendue, chers à notre moderne besoin de rapidité, — Diderot a compté, chez nous, des élèves, dont le plus illustre est Alexandre Dumas fils. Devrais-je, pour ce motif, m'arrêter sur lui et sur ses idées dramatiques, que notre temps a faites siennes? Je n'en vois pas la nécessité, parce que ces idées, qui étaient dans l'air à la fin du XVIII° siècle, ont été exposées, et avec beaucoup plus de précision et de clarté, par Beaumarchais, qui, lui, est pleinement l'homme de nos études, étant à la fois un théoricien très militant et un praticien illustre. Parlons donc des préfaces de Beaumarchais, qui nous retiendront quelque temps; car ce sont les vrais « Cahiers des États Généraux » dans l'ordre de la Révolution littéraire, plus durable que celui de la Révolution politique, et reconnaisssable encore aujourd'hui; car l'on y trouve, enfin, ce que l'on pourrait nommer le Manifeste du théâtre du XIX° siècle.

On a souvent dit que Beaumarchais s'était peint lui-même dans son *Figaro*, l'homme aux multiples *avatars*. Tempérament d'aventurier; ardeur à jouer des coudes pour se faire faire place; besoin de rire des choses pour n'en pas pleurer; vaillance à lutter contre la fortune adverse et à se montrer toujours supérieur à elle; constante allure, dans sa vie agitée, d'homme léger de bagages, léger de soucis, léger de scrupules; autant de traits de son Figaro, autant pouvant s'appliquer à Beaumarchais directement. Son monologue fameux, philosophique à l'instar de celui d'*Hamlet*, mais avec la nuance qu'y apportent son scepticisme et son ironie, est une sorte d'autobiographie. Il a voulu parler au nom de l'humanité; il a surtout parlé au sien. Militant par essence, Beaumarchais a soutenu toutes les thèses comme tous les combats : il a tout attaqué, tout discuté; il eût voulu tout réformer. C'est le *révolutionnaire* dans toute la force du terme, non celui qui se grise de mots et satisfait sa passion avec des phrases, mais celui qui aurait volontiers mis la société entière sur le tapis pour la refaire. Il n'eût pas, comme un jour Rochefort, offert de résoudre la question sociale en dix minutes; non, il était trop pratique pour ne pas savoir qu'il y fallait des heures et des jours; mais il ne se fût pas contenté de paroles, et, pour un rien, il se fût mis à la besogne, si ses *affaires* lui en avaient laissé le temps.

Un jour, cet homme d'action s'est mis en tête de réformer le théâtre, et il y est parvenu. Il y est même si bien parvenu, que la révolution où il nous a engagés dure encore, et que nous subissons toujours l'influence de cet écrivain, mort depuis plus d'un siècle! Beaumarchais a renversé les barrières élevées par l'école classique entre la tragédie et la comédie; il a créé chez nous, ou, si l'on veut, *importé* le drame, que les Anglais connaissaient depuis longtemps, et que Molière lui-même avait entrevu le jour où il écrivit *Tartuffe*[1].

Certes, le drame se fût créé sans Beaumarchais, et les spécimens du genre qu'il nous a laissés ne contribuent pas grandement à sa gloire; mais nul n'a mieux dégagé la formule du genre nouveau et mieux montré les inconvénients de l'absolue séparation des genres et les entraves qu'elle mit au développement du génie moderne. D'autres ont pu assiéger la forteresse; mais c'est bien lui qui l'a prise.

D'ailleurs, et sans qu'il paraisse au premier abord, ce n'est pas là qu'est sa plus grosse

---

1. Il est vrai que Saurin, l'auteur de *Beverley*; Mercier, avec son *Essai sur l'art dramatique*; Nivelle de la Chaussée, auteur d'assez insipides « tragédies bourgeoises », avaient fait mieux qu'entrevoir le drame, et s'y étaient essayés avant ou avec Beaumarchais; mais notre écrivain étant, non seulement le plus illustre, mais aussi le plus militant de tous, s'offre à nous comme le porte-drapeau de la cause, et comme l'homme qui arrive à l'heure voulue pour la faire triompher.

réforme. Elle est dans le style, l'allure générale de la comédie, à laquelle Beaumarchais prête un laisser-aller naturaliste, une aisance familière, un je ne sais quoi de *vécu*, dont s'est inspiré tout le XIXe siècle, et dont il n'a pas, à la veille du XXe, cessé de s'inspirer encore.

Peut-être, après cette préface, que j'ai cru devoir faire moi-même, est-il temps d'arriver à celles de Beaumarchais.

Quand notre écrivain produisit sa première œuvre dramatique, *Eugénie*, il ne se considérait pas encore comme un « homme de théâtre », à proprement parler. Il pensait ne faire, sur ce terrain, à lui étranger, qu'une excursion temporaire et tout occasionnelle. Cependant, il intitule assez pompeusement sa préface : *Essai sur le genre dramatique sérieux.* N'importe ! Il n'y faut voir, à l'en croire, que la causerie d'un *amateur* éclairé. Aussi bien commence-t-il par ces mots qui nous surprennent aujourd'hui : « Je n'ai point le mérite d'être auteur ; le temps et les talents m'ont également manqué pour le devenir. » Curieux langage chez un homme dont la modestie était le moindre des défauts. Il ne se croit même pas un écrivain : « J'ai toujours été trop sérieusement occupé pous chercher autre chose qu'un délassement honnête dans les lettres. »

Beaumarchais n'est ni un auteur dramatique ni même un « professionnel » dans les lettres : c'est lui qui nous le dit. « Il est trop occupé! » Vaniteux comme nous le connaissons, et prompt à s'attribuer tous les talents, il doit être sincère. Il ne pensait sans doute pas, alors, poursuivre sa carrière dramatique, et ne faisait, sur ce domaine, qu'une excursion d'essai. Mais cela ne l'empêche pas de nous livrer ses idées, déjà bien formées, sur l'art du théâtre, ou plutôt celles de « M. Diderot »; car, dans cette préface d'*Eugénie*, l'apprenti-auteur ne jure que par « M. Diderot ». Celui-ci était dans toute sa gloire; notre débutant était trop heureux de se mettre sous son patronage, et ne pensait guère alors qu'il dût un jour, dans cet ordre littéraire, éclipser complètement son maître. Aussi, en s'autorisant, comme exemple, du « génie de M. Diderot », l'auteur naissant a tout dit, tout prouvé, tout établi. Il convient, du reste, et l'aveu est curieux à retenir, que le désir de devenir l'émule du fameux encyclopédiste fut ce qui détermina sa vocation, ou, tout au moins, cette tentative d'*Eugénie* :

« M. Diderot donna son *Père de Famille*. Le

génie de ce poète, sa manière forte, le ton mâle et vigoureux de son ouvrage, devaient m'arracher le pinceau de la main ; mais la route qu'il venait de frayer avait tant de charmes pour moi que je consultai moins ma faiblesse que mon goût. »

Ainsi, ce serait à cette œuvre insipide du *Père de famille* que nous devrions peut-être ces deux chefs-d'œuvre immortels : *Le Barbier de Séville* et *Le Mariage de Figaro !* Il faudrait alors pardonner à Diderot ce qu'il a fait en faveur de ce qu'il a fait faire.

Mais poursuivons ! Cette préface d'*Eugénie* est très intéressante, parceque, malgré les accès d'une timidité et d'une modestie plus ou moins affectées, Beaumarchais y expose très nettement ses principes, et l'auteur dramatique y est déjà tout entier. Et d'abord, il raille ceux que l'idée nouvelle du *drame* déconcerte et trouble dans leurs habitudes. « Tragédie-comédie, disent-ils, tragédie bourgeoise, comédie larmoyante, on ne sait quel nom donner à ces productions monstrueuses ». Piètre argument contre un genre nouveau, s'il doit intéresser, que la difficulté de savoir comment le nommer, ou même le classer ! Il arrive souvent, au reste, à Beaumarchais, qui n'est pas la bonne foi incarnée, de prêter à ses adversaires des argumentations assez ridicules, pour avoir plus de facilité à les écraser ensuite sous ses épigrammes.

Les arguments dont il se sert lui-même ne sont pas toujours de premier ordre. Quand il réclame pour le drame le droit à l'existence, c'est parce que, à l'entendre, lui, le révolutionnaire et l'homme à thèses, le théâtre sérieux a seul qualité pour traiter les grandes idées et prendre en main les grandes causes. Ecoutez-le renvoyer dédaigneusement la comédie aux petites escarmouches, pour réserver les grands combats à ce qu'il appelle « le genre dramatique sérieux » :

« L'arme légère et badine du sarcasme n'a jamais décidé d'affaires; elle est seulement propre à les engager, et tout au plus permise contre ces poltrons d'adversaires qui, retranchés derrière des monceaux d'autorités, refusent de prêter le collet aux raisonneurs en rase campagne ».

Ainsi, Beaumarchais rêve des auteurs « raisonneurs! » Singulier idéal! Il déclare la comédie impuissante à frapper les grands coups. Et il ose écrire ceci cent ans après la mort de Molière, et ce qui est plus piquant, dix-sept ans avant *Le Mariage de Figaro*, où, avec la seule « arme légère et badine du sarcasme », il va lui-même donner le signal de la Grande Révolution !

La vérité est que Beaumarchais, qui venait de découvrir le drame — avec quelques autres, il est vrai, à commencer par son maître Diderot, — tombait dans l'erreur de tous les novateurs, qui s'imaginent volontiers que ce qu'ils ont trouvé est le remède à tout, la panacée universelle. Et puis, cet agité sème tant d'idées, il en jette tant à poignées, qu'il faut bien qu'il y en ait, dans le nombre, quelques-unes de fausses.

Laissons-le donc s'imaginer que le drame répond à tout. Il suffisait, cependant, qu'il répondît au besoin d'un genre intermédiaire entre la tragédie et la comédie, à la nécessité d'une sorte de pont jeté de l'une à l'autre et leur permettant de se rencontrer. La distinction absolue des genres est une idée d'ancien régime, que Beaumarchais, homme nouveau, devait haïr d'instinct. Le tiers-état, qui déjà réclamait, dans les affaires publiques, une place plus large au soleil, venait aussi d'envahir la scène, et prétendait intéresser les spectateurs à son sort aussi justement que les rois et les héros de l'antiquité.

Pourquoi, disait-on, toujours des rois? Pourquoi l'éternelle solennité de l'antique, et ce préjugé du « prestige du lointain? » Des hommes de notre temps, de simples « citoyens », — c'est le mot de Beaumarchais — ne peuvent-ils nous attendrir aussi bien sur leurs peines que nous amuser de leurs ridicules? Et si les drames, que notre auteur et ses contemporains écrivaient à l'appui de leurs théories, ne prouvaient pas grand'chose, étant mauvais, du moins ils ouvraient la brèche par où de plus heureux devaient passer.

Cette idée, l'une de celles auxquelles Beaumarchais a consacré sa vie, l'une de celles qu'il a fait pleinement triompher, le mouvement démocratique aidant, est délibérément formulée dans cette préface d'*Eugénie*. Citons-en quelques extraits :

« Est-il permis d'essayer d'intéresser un peuple au théâtre, et de faire couler ses larmes sur un événement tel, qu'en le supposant véritable et passé, sous nos yeux, entre des *citoyens*, il ne manquerait jamais de produire cet effet sur lui? Car tel est l'objet du genre honnête (?) et sérieux. »

Voilà la question bien posée. Allons plus loin.

« Que me font, à moi, sujet paisible d'un état monarchique du xviiie siècle, les révolutions d'Athènes et de Rome ? Quel intérêt puis-je prendre à la mort d'un tyran du Péloponèse ? au sacrifice d'une jeune princesse en Aulide ? Il n'y a dans tout cela rien à voir pour moi, aucune moralité qui me convienne ? Car qu'est-ce que la moralité ? C'est le résultat fructueux et l'application personnelle des réflexions qu'un événement nous arrache. »

L'écrivain va un peu loin ; car on pourrait lui répondre qu'il y a parfois, par suite de telle ou telle circonstance, des pères obligés au sacrifice de leur enfant, et qu'à tout prendre, les révolutions d'Athènes et de Rome ressemblent assez à celles de Paris. Il le comprend ; et il prétend — a-t-il ici tout à fait tort ? — que ce qui nous touche, même chez les héros antiques, c'est le point par où, cessant d'être héros, ils sont hommes et soumis à nos vicissitudes et à nos passions.

« Si notre cœur, dit-il, entre pour quelque-chose dans l'intérêt que nous prenons aux personnages de la tragédie, c'est moins parce qu'ils sont héros ou rois, que parce qu'ils sont hommes et malheureux : est-ce la reine de Messène qui me touche en Mérope ? c'est la mère d'Egisthe : la seule nature a des droits sur notre cœur. — Le véritable intérêt du cœur, sa vraie relation, est donc toujours d'un homme à un homme, et non d'un homme à un roi. Aussi, bien loin que l'éclat du rang augmente en moi l'intérêt que je prends aux personnages tragiques, il y nuit au contraire. Plus l'homme qui pâtit est d'un état qui se rapproche du mien, plus son malheur a de prise sur mon âme. »

Ainsi, d'après Beaumarchais, il y aurait toujours un fond de personnalité et d'égoïsme dans l'intérêt que nous inspirent les aventures d'un héros de théâtre, par la pensée où nous sommes qu'un sort pareil au sien pourrait nous atteindre. C'est ce qu'il explique fort bien en s'appuyant sur l'émotion que venait de produire en France une récente et terrible catastrophe :

« Pourquoi la relation du tremblement de terre qui engloutit Lima et ses habitants à trois mille lieues de moi, me trouble-t-elle, lorsque celle du meurtre juridique de Charles Ier, commis à Londres, ne fait que m'indigner? C'est que le volcan ouvert au Pérou pouvait faire explosion à Paris, m'ensevelir sous ses ruines, et peut-être me menace encore ; au lieu que je ne puis rien appréhender d'absolument semblable au malheur inouï du roi d'Angleterre : ce sentiment est dans le cœur de tous les hommes; il sert de base à ce principe certain de l'art, qu'il *n'y a moralité ni intérêt au théâtre, sans un secret rapport du sujet dramatique à nous.* »

Il y a un peu d'exagération dans toutes ces théories : Beaumarchais est un passionné qui pousse toujours à l'excès les meilleures choses. D'ailleurs, c'est un novateur qui cherche à réagir; et toutes les réactions dépassent le but, comme le pendule, dans ses oscillations, ne s'arrête jamais au point-milieu. Cependant, presque tous les principes émis ici par l'auteur hardi de l'insipide *Eugénie* ne pèchent que par l'exagération du *vrai*, et sont dans un ordre d'idées absolument juste. En fait, même, toutes ces idées ont fini par triompher; et, dans notre époque, ardente à saper les règles et à supprimer les barrières, elles ont largement conquis leur droit de cité.

Mais, puisque j'ai parlé des règles, il n'est pas mauvais de remarquer avec quelle autorité on les écarte quand elles nous contrarient. J'ai dit moi-même, au début de ce travail, que les règles ne sauraient s'imposer comme des dogmes, des articles de foi indiscutables, mais s'accepter comme de très sages conseils venant d'esprits avisés et expérimentés. Je l'ai dit, à propos de Corneille, qui s'en affranchit quelquefois, et se justifie de cette audace par d'assez hardies professions de foi. Beaumarchais fait de même :

« J'entends, dit-il, citer partout de grands mots, et mettre en avant, contre le genre sérieux, Aristote, les anciens, les poétiques, l'usage du théâtre, les règles, et surtout les règles, cet épouvantail des esprits ordinaires. En quel genre a-t-on vu les règles produire des chefs-d'œuvre ? N'est-ce pas, au contraire, les grands exemples qui de tout temps ont servi de base et de fondement à ces règles, dont on fait une entrave au *génie* en intervertissant l'ordre des choses ? Les hommes eussent-ils jamais avancé dans les arts et les sciences, s'ils avaient servilement respecté les bornes trompeuses que leurs prédécesseurs y avaient prescrites ? Le nouveau monde serait encore dans le néant pour nous, si le hardi navigateur génois n'eût pas foulé aux pieds ce *nec plus ultrà* des colonnes d'Alcide, aussi menteur qu'orgueilleux. Le *génie* curieux, impatient, toujours à l'étroit dans le cercle des connaissances acquises, soupçonne quelque chose de plus que ce qu'on sait; agité par le sentiment qui le presse, il se tourmente, entreprend, s'agrandit; et, rompant enfin la barrière du préjugé, il s'élance au-delà des bornes connues. Il s'égare quelquefois; mais c'est lui seul qui porte au loin, dans la nuit du possible, le fanal vers lequel on s'empresse de le suivre. Il a fait un pas de géant, et l'art s'est étendu. »

Il semble qu'on ne saurait mieux dire, ou plutôt, mieux penser; car la phrase sent un peu son emphase révolutionnaire. C'est, du reste, ce que Corneille, que je rappelais plus haut, exprime en termes plus simples. « Il est bon, nous a-t-il dit, de hasarder un peu, et ne s'attacher toujours pas à ses préceptes ». Et il cite Horace :

Et mihi res, non me rebus submittere conor;

puis Tacite, qui s'écrie fièrement : « Ce qui nous sert d'exemple a été autrefois sans exemple, et ce que nous faisons sans exemple en pourra servir un jour. »

Molière, nous nous en souvenons, y met moins de façons encore : « Vous êtes de plaisantes gens avec vos règles dont vous embarrassez les ignorants et nous étourdissez tous les jours !... Ce ne sont que quelques observations aisées que le bon sens a faites sur ce qui peut ôter le plaisir que l'on prend à ces sortes de poèmes ; et le même bon sens qui a fait autrefois ces observations les fait fort aisément tous les jours sans le secours d'Horace et d'Aristote. »

Tout cela est parfait, incontestable. Seulement, il faut le dire, chacun s'affranchit de ces règles à ses risques et périls, et il semble qu'il ne soit permis qu'au génie d'avoir cette audace. Les autres y jouent trop gros jeu. Que Corneille et Molière se mettent au-dessus des règles ; qu'ils les fassent, ou qu'ils en fassent eux-mêmes, comme ces exemples dont parle Tacite ; c'est au mieux. Beaumarchais est-il autorisé à s'en affranchir au même titre que ces grands hommes ? Si d'autres en doutent, lui, du moins, il n'en doute pas. Notez, dans le passage que je viens de citer, comme il appuie volontiers sur le mot de *génie*. Et à qui voulez-vous qu'il l'applique, sinon à lui-même, à lui, qui n'était pourtant encore que l'auteur d'*Eugénie* ? Il a suffi de tourner la page pour être loin de la modestie affectée que nous relevions au début de la préface !

Il y a encore un autre point important traité dans cette préface révolutionnaire. Convient-il, au théâtre, d'écrire en vers ou en prose ?

« M. Diderot, dans son estimable ouvrage sur l'art dramatique, se décide pour la prose ».

Diderot *dixit* : cet argument devait suffire à notre Beaumarchais. Il se range, en effet, à l'opinion du « maître » ; mais il en donne des raisons conformes à sa théorie :

« Le genre sérieux, qui tient le milieu entre les deux autres, devant nous montrer les hommes absolument tels qu'ils sont[1], ne peut pas se permettre la plus légère liberté contre le langage, les mœurs ou le costume de ceux qu'il met en scène... Le genre sérieux n'admet donc qu'un style simple, sans fleurs ni guirlandes... *Il est aussi vrai que la nature même...* Sa véritable éloquence est celle des situations ; et le seul coloris qui lui soit permis est le langage vif, pressé, coupé, tumultueux et vrai des passions, si éloigné du compas de la *césure* et de l'affectation de la *rime*, que tous les soins du poète ne peuvent empêcher d'apercevoir dans son drame, s'il est en vers. »

Style simple ! Nous savons ce qu'il en faut

---

[1]. Comme l'écrivain se trompe, s'il estime qu'il y ait rien d'*absolu* au théâtre !

croire, chez ces écrivains de la veille de la Révolution où pullulent les exclamations : « Homme vertueux ! Vieillard infortuné ! » Au reste, l'auteur de l'emphatique *Eugénie*, en définissant son style simple « sans fleurs ni guirlandes », nous donne lui-même un avant-goût de sa « simplicité ».

Ce qu'il faut voir ici, c'est l'intention, la volonté de se rapprocher, autant que possible, de « la nature même », de rechercher « le langage vif, pressé, *coupé*, tumultueux et vrai des passions ». Notons bien ce mot « coupé » : c'est tout un programme. Beaumarchais et ses contemporains inaugurent, en effet, ce style haché, ces phrases suspendues, où deux mots dits nous laissent deviner le reste, procédé qui donne au dialogue beaucoup de naturel et une grande vivacité, une légèreté, enfin, très utile au théâtre. C'est, en matière de dialogue, toute la théorie du réalisme, théorie si triomphante, aujourd'hui, que l'auteur dramatique dont la correction ne se permettrait que des phrases entières et tout achevées nous paraîtrait d'un pédantisme et d'une lourdeur peu supportables.

Ainsi, et pour nous résumer, dans cette préface où Beaumarchais se pose, au début, en modeste amateur, ne prétendant ni à l'expérience, ni au *talent* d'un professionnel (le pauvre homme!), il remue le théâtre de fond en comble. Pour le but à atteindre, il veut une portée morale, que la tragédie ne pouvait donner, en se plaçant trop en dehors de l'humanité commune, et que, selon lui, la comédie n'était pas capable de fournir non plus, le « sarcasme » ne pouvant avoir la portée du « genre sérieux ». Pour la forme, costumes, langage, mise en scène, il vise au réalisme complet.

Son ambition — très légitime, sinon très réalisable, — est d'arriver à l'impression la plus forte par l'illusion la plus complète :

« J'ai vu, dit-il, des gens sensibles et naïfs, aux représentations de cette pièce, s'écrier, dans les instants où Eugénie abusée, trahie, est en pleine sécurité : *Ah! la pauvre malheureuse!* Dans ceux où le lord élude les questions qu'on lui fait, échappe aux soupçons, et emporte l'estime et l'amour de ceux qu'il trompe, je les ai entendus crier : *Va-t'en, scélérat!* La vérité qui presse, arrache ces exclamations involontaires ; et voilà l'éloge qui plaît à l'auteur et le paie de ses peines ».

On comprend la satisfaction de Beaumarchais, d'avoir, comme il le voulait, agi sur le public, bien que ces sortes d'exclamations tiennent souvent plus à la simplicité de l'auditeur ou au talent du comédien qu'au mérite de l'auteur[1]. Au demeurant, il y a du vrai dans ces théories, que l'avenir devait confirmer. Le point faible, ce sont les attaques du maître contre la comédie, à laquelle il ne rend pas justice, et dont les *sarcasmes*, traités trop légèrement par lui, — lui, l'auteur futur du *Mariage de Figaro !* — ont une portée dont il n'a pas l'air de se douter. Mais Beaumarchais, qui semble atteint de notre nervosisme moderne, ne connaît que sa thèse *du jour*, sans se préoccuper de savoir si elle ne contredira pas sa thèse *du lendemain*.

Avant de quitter *Eugénie*, je voudrais dire un mot de certains *Jeux d'entr'acte*, que Beaumarchais y indique. Cette innovation, tentée infructueusement par lui, prouve seulement combien son esprit, impitoyablement logique, se plaisait à aller jusqu'aux dernières conséquences de ses idées. C'est, en effet, en partant de cette pensée, qu'il faut maintenir l'âme des spectateurs dans cette atmosphère d'illusion dont l'auteur a besoin, et ne pas laisser cette illusion échapper

[1]. Qui de nous n'a entendu, à l'Ambigu, un spectateur des hautes places apostropher le « traître » ? Est-ce à dire que le mélodrame soit le suprême produit de l'art ou de la vérité ?

un seul moment, qu'il a pu concevoir l'étrange règlement de scène que comportent ces *Jeux d'entr'acte*. A la fin du premier acte d'*Eugénie*, ces sortes d'intermèdes commencent, et la justification en est donnée par Beaumarchais. Laissons-lui la parole :

« Un domestique entre. Après avoir rangé les sièges qui sont autour de la table à thé, il en emporte le cabaret, et vient remettre la table à sa place auprès du mur de côté. Il enlève des paquets dont quelques fauteuils sont chargés, et sort en regardant si tout est bien en ordre.

» L'action théâtrale ne reposant jamais, j'ai pensé qu'on pourrait essayer de lier un acte à celui qui le suit, par une action pantomime qui soutiendrait, sans la fatiguer, l'attention des spectateurs, et indiquerait ce qui se passe derrière la scène pendant l'entr'acte. Je l'ai désignée entre chaque acte. Tout ce qui tend à donner de la vérité est précieux dans un drame sérieux, et l'illusion tient plutôt aux petites choses qu'aux grandes. Les Comédiens Français, qui n'ont rien négligé pour que cette pièce fît plaisir, ont craint que l'œil sévère du public ne désapprouvât tant de nouveautés à la fois : ils n'ont pas osé hasarder les entr'actes. Si on les joue en société, on verra que ce qui n'est qu'indifférent, tant que l'action n'est pas engagée, devient assez important pendant les derniers actes. »

A chaque entr'acte d'*Eugénie*, l'écrivain indique un jeu de scène, qui a parfois la prétention d'être un petit tableau piquant. Après le deuxième acte, par exemple, Betsy, la servante, « ôte de la malle quelques ajustements et un chapeau galant de sa maîtresse, qu'elle essaye avec complaisance devant une glace, après avoir regardé si personne ne peut la voir. » — Ah! ah! fidèle Betsy, on vous y prend à être coquette!

De l'acte quatrième au cinquième, c'est un mouvement, un va-et-vient, des coups de sonnette retentissants. Le Baron passe, « d'un air pénétré », avec des flacons de sels, « ce qui — nous fait remarquer assez naïvement Beaumarchais, — annonce qu'Eugénie est dans une crise affreuse ». Il y en a plus de vingt lignes, dont il faut citer les dernières :

« Il serait assez bien que l'orchestre, pendant cet entr'acte, ne jouât que de la musique douce et triste, même avec des sourdines, comme si ce n'était qu'un bruit éloigné de quelque maison voisine; le cœur de tout le monde est trop en presse dans celle-ci pour qu'on puisse supposer qu'on y fait de la musique. »

Ici, je suis tenté d'emprunter à notre écrivain lui-même le joli mot de l'accorte Suzanne à son mari : « Que les gens d'esprit sont bêtes ! » Il y a, certes, peu d'auteurs français plus spirituels que Beaumarchais ; mais ne trouvez-vous pas qu'avec ses *Jeux d'entracte*, sa façon surtout de les justifier et de les commenter, il tombe dans la puérilité, pour ne pas dire : dans la niaiserie ? Voilà cependant où mènent l'excès de logique et l'exagération d'un système, et, pour tout dire, le parti-pris ! Beaumarchais est si fier de son rôle de réformateur, si content de penser qu'il va donner au théâtre un plus large sentiment de la vérité, qu'il voudrait étendre sa méthode aux moindres détails de l'art dramatique. Tel, un médecin qui aurait découvert un remède heureux en de certaines applications, et qui voudrait en faire usage en toute circonstance.

Beaumarchais oublie, comme beaucoup de réformateurs du théâtre, que cet art est un des plus conventionnels qui soient, et que, si la vérité du fond y est nécessaire, celle de la forme est forcée de savoir s'arrêter à temps. Rechercher la vérité dans des détails enfantins, quand, sur d'autres points plus graves, il faut se contenter d'une illusion un peu lointaine, c'est perdre son temps et demander aux choses plus qu'elles ne peuvent donner. Mais le fougueux Beaumarchais, ce « brouillon » de génie, ne connaît pas ces nuances : c'est un révolutionnaire, qui voudrait nous mettre à table avec ses héros, quand ils dînent, comme il entend nous faire pleurer, quand ils pleurent.

Cet auteur nous retiendra longtemps : il est né théoricien, étant l'écrivain conscient par excellence, l'infatigable faiseur de systèmes, le grand édificateur de réformes. Avant-propos, notices, avis au lecteur, avis au directeur, avis aux comédiens, les petits papiers pleuvent de ses poches; elles en sont bourrées.

Devant *Les Deux Amis ou le Négociant de Lyon*, nous ne trouvons qu'un *Avertissement de l'auteur;* mais utile, celui-là ! Il inaugure un usage, qui va faire loi: l'indication des personnages, en tête des scènes, donne, en raison de certaines conventions, la place que chacun doit occuper sur les planches; — pratique des plus heureuses, qui rend de vrais services aux metteurs en scène. Le public ne se doute pas du soin qu'on prend pour ses plaisirs, pour lui épargner, non seulement le moindre heurt, mais le pli même d'une feuille de rose; il ne saurait croire quelle importance peut prendre la place assignée aux divers personnages, ni, par suite, quelle reconnaissance on doit à ceux qui ont su régler avec art cette partie de la mise en scène. Pour cette fois, Beaumarchais a rendu un réel et durable service ; et, cette innovation, cependant, il l'annonce sans fanfare.

Notre écrivain a deux préfaces justement célèbres, et qui comptent dans les pages les plus vives et les plus spirituelles que connaisse notre littérature française : celle du *Barbier de Séville* et celle du *Mariage de Figaro*. Ces morceaux exquis sont voués à l'immortalité, comme les œuvres qu'ils accompagnent. Il se peut qu'un jour, les éditeurs omettent les préfaces de Racine, de Corneille, de Molière, même celle du *Tartuffe*; mais je ne vois pas les deux chefs-d'œuvre dramatiques de notre écrivain édités sans leurs préfaces.

Cependant, malgré toute la portée et toute la valeur littéraire de ces deux plaidoyers de Figaro *pro domo meâ*, je ne les examinerai que dans certaines de leurs parties. L'auteur, discutant ses pièces détail par détail, y perd trop souvent de vue ses plans de réforme et ses idées générales. Souvent aussi le plaidoyer tourne au réquisitoire, ou plutôt au pamphlet :

l'écrivain tombe, — avec quel acharnement, quelle verve étincelante, on le sait ! — sur quiconque s'est permis de toucher à ses œuvres, à ses enfants; et ce père, qui a bec et ongles, et dont l'esprit — chose rare — reste éblouissant après plus d'un siècle, distille alors les pages les plus fines et les plus ravissantes. Le meilleur des préfaces est là; mais ce qui nous intéresse n'y est pas toujours. Il me faut donc chercher ici ce qui est notre pâture propre, et renvoyer, pour le reste, mes lecteurs au texte de Beaumarchais.

Toutefois, avant de rechercher, dans la préface du *Barbier de Séville*, ce qui nous intéresse spécialement, disons un mot de la forme même de ce document historique et littéraire. Elle est étonnante de *modernisme*, cette forme : c'est de l'esprit d'aujourd'hui, c'est la *blague* du xix° siècle. Cet art de rire de tout et de soi-même, qu'Edmond About et ses imitateurs, nombreux encore aujourd'hui, ont mis en faveur, notre écrivain le pratique déjà, et avec une aisance magistrale. Sa comédie venait de tomber. Qu'il en rie le premier, sachant qu'en somme, les vrais rieurs finiront toujours par être de son côté, le fait n'en est pas moins certain. Si certain, même, que l'auteur dut alléger d'un acte son *Barbier*, qui en comptait cinq d'abord, — ce qui lui fit dire « qu'il s'était mis en quatre » pour plaire au public.

Eh bien! tout cela est pour lui matière à esprit, matière à gaîté. J'ai en main une édition du *Barbier de Séville* de l'année même de sa chute. Elle porte en épigraphe ce vers de Zaïre : « Et j'étais père, et je n'ai pu mourir! » On ne saurait mieux inaugurer l'école où l'on se *blague* soi-même, pour n'être pas *blagué* par les autres. Quant à la préface, on en connaî[t] le titre et le préambule : *Lettre modérée sur [l]a chute et la critique du Barbier de Séville. L'auteur, vêtu modestement et courbé, présentant sa pièce au Lecteur.* Et le commencement de cette « Lettre », qu'il faut citer :

« Monsieur,

« J'ai l'honneur de vous offrir un nouvel opuscule de ma façon. Je souhaite vous rencontrer dans un de ces moments heureux, où, dégagé de soins, content de votre santé, de vos affaires, de votre maîtresse, de votre dîner, de votre estomac, vous puissiez vous plaire un moment à la lecture de mon *Barbier de Séville;* il faut tout cela pour être homme amusable et lecteur indulgent.

« Mais si quelque accident a dérangé votre santé, si votre état est compromis, si votre belle a forfait à ses serments, si votre dîner fut mauvais, ou votre digestion laborieuse, ah ! laissez mon *Barbier;* ce n'est pas là l'instant ; examinez l'état de vos dépenses, étudiez le *factum* de votre adversaire, relisez ce traître billet surpris à Rose, ou parcourez les chefs-d'œuvre de Tissot sur la tempérance, et faites des réflexions politiques, économiques, diététiques, philosophiques ou morales.

« Ou si votre état est tel qu'il faille absolument l'oublier, enfoncez-vous dans une bergère, ouvrez le journal établi dans Bouillon avec encyclopédie, approbation et privilège, et dormez vite une heure ou deux. »

La voilà, la note toute moderne ; et l'auteur a beau se présenter « vêtu modestement et courbé », jamais, avant lui, on n'avait traité ses lecteurs aussi cavalièrement et usé avec cette audace d'un pareil sans-gêne. Sa modestie est pure singerie, ironie pure ; et ce lecteur, qu'il « n'aurait garde, nous dit-il, d'appeler négligemment *lecteur, ami lecteur, cher lecteur, benin ou benoît lecteur,* ou de telle autre dénomination cavalière », en réalité, il lui tape sur le ventre.

Ceci dit pour donner le ton de l'amusante préface, voyons notre écrivain revenir aux idées qui lui sont chères, et qu'il a commencé à soutenir en publiant *Eugénie*. Après trois bonnes pages, pour se présenter favorablement et « inspirer un peu d'indulgence à son fier lecteur », il s'écrie :

« Eh ! quel écrivain en eut jamais plus besoin que moi ! Je voudrais le cacher en vain : j'eus la faiblesse autrefois, monsieur, de vous présenter, en différents temps, deux tristes drames ; productions monstrueuses, comme on sait ! Car entre la tragédie et la comédie, on n'ignore plus qu'il n'existe rien ; c'est un point décidé, le maître l'a dit, l'école en retentit ; et, pour moi, j'en suis tellement convaincu, que, si je voulais aujourd'hui mettre au théâtre une mère éplorée, une épouse trahie, une sœur éperdue, un fils déshérité, pour les présenter décemment au public, je commencerais par leur supposer un beau royaume où ils auraient régné de leur mieux, vers l'un des archipels ou dans tel autre coin du monde, certain, après cela, que l'invraisemblance du roman, l'énormité des faits, l'enflure des caractères, le gigantesque des idées et la bouffissure du langage, loin de m'être imputés à reproche, assureraient encore mon succès.

« Présenter des hommes d'une condition moyenne accablés et dans le malheur? Fi donc! On ne doit jamais les montrer que bafoués. Les citoyens ridicules, et les rois malheureux; voilà tout le théâtre existant et possible; et je me le tiens pour dit; c'est fait; je ne veux plus quereller avec personne. »

On le voit, notre écrivain tient terriblement à ce *tiers-ordre* du théâtre, dont il est l'un des principaux propagateurs. Il y tient tellement que, non content de le justifier dans sa préface, il y revient dans sa comédie. Bartholo, l'odieux Bartholo, comme Rosine lui parle d'une pièce nouvelle, s'écrie : « Quelque drame encore! Quelque sottise d'un nouveau genre! » Et Beaumarchais, s'acharnant, place, au bas de la page, une note que les bonnes éditions se gardent bien d'omettre : « Bartholo n'aimait pas les drames. Peut-être avait-il fait quelque tragédie dans sa jeunesse. » L'écrivain montre ici, comme on dit, le *bout de l'oreille* : il ne se contente pas d'aimer le drame, qui est bien un peu sa chose, mais il hait réellement la tragédie. C'est l'homme militant par excellence, et il faut toujours qu'il écrive *contre* quelqu'un ou quelquechose. Au reste, envers la tragédie telle qu'on l'écrivait de son temps, il est permis de se montrer sévère.

Je pourrais, à la rigueur, m'en tenir là ; car, je le répète, les théories et les idées générales sont assez vite épuisées. Mais je veux m'arrêter sur un passage de cette préface, non parce qu'il en est l'un des plus fins et des plus amusants, mais parce que notre homme, en répondant au feu de ses adversaires, ne s'aperçoit pas qu'il tire un peu bien sur ses troupes. J'ai dû remarquer déjà l'erreur où tombe Beaumarchais, quand il demande au théâtre la vérité absolue, qu'il ne lui est pas possible de donner. Je suis heureux de trouver, sur ce terrain, un allié dans Beaumarchais lui-même, quand, avec sa verve satirique inépuisable, il répond à quelques critiques maladroits :

« Des connaisseurs, dit-il, ont remarqué que j'étais tombé dans l'inconvénient de faire critiquer des usages français par un plaisant de Séville à Séville ; tandis que la vraisemblance exigeait qu'il s'égayât sur les mœurs espagnoles. Ils ont raison : j'y avais même tellement pensé que, pour rendre la vraisemblance encore plus parfaite, j'avais d'abord résolu d'écrire et de faire jouer la pièce en langage espagnol; mais un homme de goût m'a fait observer qu'elle en perdrait un peu de sa gaîté pour le public de Paris; en sorte que j'ai fait, comme on voit, une multitude de sacrifices à la gaîté; mais sans pouvoir parvenir à dérider le *Journal de Bouillon.* »

On ne saurait défendre sa cause plus drôlement dans la forme ni plus justement dans le fond. Mais où est l'homme de la vraisemblance à tout prix, l'homme des *Jeux d'entr'acte* et des naïves raisons sur lesquelles il appuie sa proposition? Comme il serait aisé de railler cet homme, à son tour, si l'on avait seulement l'esprit de Beaumarchais!

Je termine, enfin, sur un autre morceau, où l'écrivain met encore, et toujours, les rieurs de son côté, quoique, au fond... :

« Un autre amateur, saisissant l'instant qu'il y avait beaucoup de monde au foyer, m'a reproché, du ton le plus sérieux, que ma pièce ressemblait à *On ne s'avise jamais de tout.* — Ressembler, monsieur! Je soutiens que ma pièce est *On ne s'avise jamais de tout*, lui-même. — Et comment cela? — C'est qu'on ne s'était pas encore avisé de ma pièce. L'amateur resta court, et l'on en rit d'autant plus, que celui qui me reprochait *On ne s'avise jamais de tout* est un homme qui ne s'est jamais avisé de rien. »

Certes, ce n'est jamais l'aplomb qui fait défaut à l'auteur du *Barbier de Séville* ; mais celui qu'il nous montre là est stupéfiant. Comment ! On ne s'était jamais avisé de sa pièce ! Ouvrez le *Théâtre de Gherardi* (six volumes rares et très précieux). Vous trouverez, dans le premier volume de l'édition de 1717, une comédie de D... (lisez : Nolant de Fatouville), représentée en 1692, et intitulée *La Précaution inutile ;* on se rappelle que c'est là le sous-titre donné par Beaumarchais lui-même à son *Barbier*, et qu'il est question, plusieurs fois, au premier acte, des couplets de *La Précaution inutile*, que le maître à chanter de Rosine lui a donnés à étudier.

Or, cette comédie de Nolant de Fatouville, dont Beaumarchais a audacieusement confisqué le titre à son profit, est l'histoire exacte du *Barbier de Séville*, puisque Arlequin, à l'aide de ruses diverses, ne s'y emploie pas à autre chose qu'à soustraire Colombine à son tuteur Gaufichon, au profit de l'amoureux Léandre.

Le couplet final, que je ne cite pas pour son lyrisme, résume assez le sujet, et marque son identité absolue avec la donnée, bien simple d'ailleurs, du *Barbier de Séville :*

> Penses-tu, jaloux, être sage
> De resserrer une beauté?
> Plus on la tient en esclavage,
> Plus on l'engage
> A trahir sa fidélité.
> Un oiseau que l'on tient en cage
> N'aspire qu'à sa liberté!

Il ne faudrait pas juger la *Précaution inutile* sur cet échantillon : ce serait presque aussi injuste que si l'on jugeait Labiche sur les couplets de ses vaudevilles. *La Précaution inutile,* sans pouvoir se comparer au *Barbier de Séville,* où Beaumarchais dépense toute sa verve, contient de bonnes scènes, très gaies, et qui ne manquent pas de portée comique. Disons que si Nolant de Fatouville est resté inconnu, cela tient sans doute à ce que, conseiller au Parlement de Rouen, il a toujours dissimulé sa personnalité sous une simple initiale; mais les lecteurs du curieux *Théâtre de Gherardi* peuvent attester cette réelle et haute valeur d'écrivain comique, qui eût dû lui assurer une meilleure fortune.

Beaumarchais, dont le sans-gêne est sans limites, lui a, non seulement emprunté son canevas et son titre, mais même une des plus jolies répliques du *Barbier*. Mes lecteurs en jugeront par le rapprochement que voici :

ARLEQUIN, (*plaidant la cause de Léandre auprès de Colombine*) :

C'est, mardi !, le plus royal homme... il n'a qu'un défaut, c'est qu'il est amoureux.

COLOMBINE

Est-ce un défaut que d'aimer ?

ARLEQUIN

Non, mais c'est qu'il est fou d'une fille qu'il n'épousera jamais.

FIGARO, (*plaidant la cause d'Almaviva auprès de Rosine*) :

... Mais il a un grand défaut, qui nuira toujours à son avancement.

ROSINE

Un défaut, monsieur Figaro ! Un défaut ! en êtes-vous bien sûr ?

FIGARO

Il est amoureux.

ROSINE

Il est amoureux ! Et vous appelez cela un défaut ?

FIGARO

A la vérité, ce n'en est un que relativement à sa mauvaise fortune.

Faut-il admirer la mémoire de Beaumarchais, qui a de si heureuses réminiscences ? Faut-il, au contraire, dire qu'il avait la mémoire bien courte, quand il déclarait que jamais personne ne s'était avisé de sa pièce, et perdait de vue, avec une si facile désinvolture, et Nolant de Fatouville, et cette *Précaution inutile*, dont il osait ramasser le titre pour en faire sa chose ? Il y a là un curieux mystère, ou, j'en ai peur, une rare effronterie de Figaro. Peut-être pensait-il que le *Théâtre de Gherardi* était mort et enterré, et que nul ne songerait à le réveiller. C'était jouer gros jeu : aussi bien s'est-il trompé. Mais quoi? On ne s'avise jamais de tout. C'est encore le mot qui clôt le mieux cet incident.

Je croyais terminer ici l'examen de cette excellente préface. Mais je m'aperçois qu'à mon tour, je ne me suis pas avisé de tout. Ainsi, voici un point intéressant, et que je ne saurais passer sous silence. Beaumarchais trouve moyen d'exposer en courant ses idées sur le théâtre musical. On m'en voudrait de ne pas indiquer d'un mot ce passage digne d'attention.

Il serait aisé, sans doute, et curieux, de rechercher, dans leurs préfaces ou leurs écrits, ce que les grands musiciens dramatiques ont dit et pensé de leur art, et il y aurait là matière à un volume faisant pendant à celui que j'essaie d'écrire en ce moment. On trouverait, dans l'ordre du théâtre musical, comme dans celui du théâtre littéraire, certains génies d'inspiration qui ont peu discuté leur art : tels sont les Mozart, les Rossini, les Meyerbeer, les Verdi. Mais, de Gluck à Wagner, que de théoriciens, en passant par Berlioz et Reyer, par Gounod et Saint-Saëns eux-mêmes !

Laissons cette étude, qui sort de ma donnée, et qui m'entraînerait trop loin. En revanche, puisque je trouve sur ma route les idées originales, et généralement justes, émises sur le drame lyrique par notre « touche à tout », il en faut dire un mot.

Quelques personnes s'étonnaient que l'auteur n'eût pas donné *Le Barbier de Séville* aux Italiens, et n'en eût pas fait « un opéra-comique »; car, disait-on, « la pièce est d'un genre à comporter de la musique ». L'écrivain donne les raisons qui l'ont détourné de ce projet :

« Notre musique dramatique ressemble trop à notre musique chansonnière pour en attendre un véritable intérêt ou de la gaîté franche. Il faudra commencer à l'employer sérieusement au théâtre quand on sentira bien qu'on ne doit y chanter que pour parler; quand nos musiciens se rapprocheront de la nature, et surtout cesseront de s'imposer l'absurde loi de revenir sans cesse à la première partie d'un air après qu'ils en ont dit la seconde. Est-ce qu'il y a des reprises et des rondeaux dans le drame? Ce cruel radotage est la mort de l'intérêt, et dénote un vide insupportable dans les idées.

« Moi, qui ai toujours chéri la musique sans inconstance et même sans infidélité; souvent, aux pièces qui m'attachent le plus, je me surprends à pousser de l'épaule, à dire tout bas avec humeur : « Eh! va donc, musique! pourquoi toujours répéter? N'es-tu pas assez lente? Au lieu de narrer vivement, tu rabâches! Au lieu de peindre la passion, tu t'accroches aux mots! Le poète se tue à serrer l'évènement, et tu le délayes! Que lui sert de rendre son style énergique et pressé, si tu l'ensevelis sous d'inutiles fredons? Avec ta stérile abondance, reste, reste aux chansons pour toute nourriture, jusqu'à ce que tu connaisses le langage sublime et tumultueux des passions.

« En effet, si la déclamation est déjà un abus de la narration au théâtre, le chant, qui est un abus de la déclamation, n'est donc, comme on voit, que l'abus de l'abus. Ajoutez-y la répétition des phrases, et voyez ce que devient l'intérêt. Pendant que le vice ici va toujours en croissant, l'intérêt marche à sens contraire; l'action s'alanguit; quelque chose me manque; je deviens distrait; l'ennui me gagne; et si je cherche alors à deviner ce que je voudrais, il m'arrive souvent de trouver que je voudrais la fin du spectacle. »

Il y a une grande part de vérité dans ces critiques, qui, du reste, ont porté coup, et dont l'art a tenu bon compte. Il y a aussi la part d'exagération due au tempérament violent de Beaumarchais. Reprocher à la musique dramatique d'ignorer complètement « le langage sublime et tumultueux des passions », alors que Rameau avait écrit toutes ses œuvres et Gluck une partie des siennes, c'était peut-être un peu téméraire; cependant, je ne chercherai pas trop chicane à notre écrivain sur ce point, estimant que ces grands hommes ont été surtout des précurseurs, que le grand siècle musical est le XIXe, et que c'est en ce même XIXe siècle que « le langage sublime et tumultueux des passions » a trouvé son entière expression.

Le reproche de « rabâcher », fait par Beaumarchais à la musique de son temps, et encouru aussi par celle du nôtre, est assez exact; « le poète serre, elle délaie. » Il y a du vrai. Mais, comme il faut que toujours Beaumarchais dépasse le but, proscrire en musique, et même en musique dramatique, toute espèce de reprise et de répétition, n'est-ce pas tomber dans un autre inconvénient et un autre abus? N'est-ce pas condamner la musique à la sécheresse? Ce qui est curieux à constater, toutefois, c'est que les idées de la préface du *Barbier de Séville* triomphent aujourd'hui et sont en pleine application. Avons-nous, d'ailleurs, lieu de nous en féliciter? Wagner, qui a enfoncé un bon nombre de portes ouvertes, et *découvert* bien souvent ce que d'autres avaient dit nettement avant lui, est le produit direct des idées de Beaumarchais comme de celles de Gluck. J'imagine, toutefois, que notre Beaumarchais, qui doit à son origine française un certain fond de tact et de mesure, s'il entendait aujourd'hui tels récits de *Tristan et Yseult*, longs comme des jours sans pain, commencerait à réfléchir sur les inconvénients de son système, trop systématiquement appliqué; et peut-être même s'écrierait-il : « Ramenez-moi à la musique qui *rabâche!* [1] »

Je ferme cette parenthèse ouverte sur le théâtre musical, et dont la faute, si faute il y a, revient surtout à notre théoricien.

Il me faut arriver, maintenant, à la seconde de ses préfaces-chefs-d'œuvre, celle du *Mariage de Figaro*. Et ici, remarquons la marche suivie par la personnalité de l'auteur dramatique. Au début (préface d'*Eugénie*), il ne se donne que pour un amateur; et, si léger compte qu'il y

---

[1]. Il est assez curieux de remarquer, après tout ce qui vient d'être dit, que les deux œuvres-maîtresses de Beaumarchais ont été mises en musique et ont inspiré deux célèbres œuvres lyriques : *Le Barbier*, de Rossini, et *Les Noces de Figaro*, de Mozart.

ait à tenir de cette modestie de commande, il se retranche derrière l'autorité de « M. Diderot », dont il ne saurait exalter assez le *génie* (un mot un peu bien gros, surtout si on l'adresse à Diderot auteur dramatique). Maintenant, le succès et la lutte l'ont également grandi. Du fameux encyclopédiste il n'est plus question dès la préface du *Barbier* : les idées de Diderot sont devenues celles de Beaumarchais lui-même ; et, désormais, nous avons à faire à un écrivain avec lequel il faut compter, très combattu, mais plein d'entrain, car il aime la bataille, et qui aura une juste et entière conscience de sa valeur. *Le Mariage de Figaro*, c'est le couronnement de sa carrière, c'est le triomphe de ses théories. Aussi, notre homme revient-il, et avec assurance, aux principes qu'il émettait lors d'*Eugénie*, et qu'il couvrait alors du patronage de son maître. Mais il les discute moins, probablement parce qu'il commence à croire la bataille gagnée. Ce sont quelques traits en passant, par exemple à l'adresse de ceux qui trouvent choquante la faiblesse de cœur indiquée chez la comtesse Almaviva, la malheureuse et encore vertueuse Rosine :

« On accorde à la tragédie que toutes les reines, les princesses aient des passions bien

allumées, qu'elles combattent plus ou moins;
et l'on ne souffre pas que, dans la comédie, une
femme ordinaire puisse lutter contre la moindre
faiblesse! O grande influence de l'affiche! Jugement sûr et conséquent! avec la différence du
genre, on blâme ici ce qu'on approuvait là. Et
cependant en ces deux cas c'est toujours le
même principe; point de vertu sans sacrifice. »

Je veux bien que Beaumarchais ait raison au
fond; mais son argumentation n'est pas irréprochable. Il est des choses, cela est certain, dont
le seul tort est de ne pas se trouver à leur place;
et l'on peut très bien, sans se contredire, blâmer
ici ce qu'on approuvait *là*. Mais je poursuis. A
ceux qui n'admettaient pas qu'un « insolent
valet » osât lutter contre son maître, même
dans le cas de très légitime défense où se trouve
Figaro, l'écrivain répond encore :

« Oh! que j'ai de regret de n'avoir pas fait de
ce sujet moral une tragédie bien sanguinaire!
Mettant un poignard à la main de l'époux
outragé, que je n'aurais pas nommé Figaro,
dans sa jalouse fureur je lui aurais fait noble-
ment poignarder le puissant vicieux : et comme
il aurait vengé son honneur dans des vers
carrés, bien ronflants, et que mon jaloux, tout
au moins général d'armée, aurait eu pour rival

quelque tyran bien horrible et régnant au plus mal sur un peuple désolé; tout cela, très loin de nos mœurs, n'aurait, je crois, blessé personne; on eût crié : « Bravo, ouvrage bien moral ! » Nous étions sauvés, moi et mon Figaro sauvage. »

On le voit, c'est toujours la même idée : Beaumarchais n'admet pas qu'on place entre les genres des barrières infranchissables; ni que, par suite, ceci soit permis en deçà de la barrière et interdit au delà. Mais, s'il ne combat plus, sur ce terrain, avec son ancienne ardeur, c'est, je le répète, qu'il sent sa cause déjà gagnée, et ne rencontre plus ici que quelques attardés, qui seront réduits au silence demain.

La grande affaire, dans la préface du *Mariage de Figaro*, c'est le droit, pour l'écrivain, de s'attaquer à tout et à tous; le but, c'est de proclamer qu'il n'est hommes ni choses qui ne soient ou ne puissent être justiciables de la Comédie. La préface du *Mariage de Figaro*, c'est la préface révolutionnaire avant tout. Beaumarchais, avec ces prétentions, est-il dans l'absolue vérité? N'est-il pas certains terrains réservés, où l'auteur le plus hardi, le plus justement armé pour la satire, doit s'interdire à lui-même de pénétrer? Je le crois. Mais cette réserve faite, par exemple en matière de religion et de décence, on est fortement tenté d'applaudir à toutes les hardiesses de l'écrivain, et de crier : *bravo !* à ses plus audacieuses théories. Le courage n'est pas grand sans doute, aujourd'hui que le *Mariage de Figaro* a triomphé de tous les obstacles et plane dans la sereine atmosphère des œuvres classiques.

Sans un large droit à la censure et à la satire, que deviendraient nos lettres et nos arts? Cela est une question de vie pour la littérature française. Prenons garde, avec trop de ménagements pour les particuliers et les corps d'état, avec trop de ces réserves bien souvent hypocrites, d'arriver à rendre la Comédie si inoffensive et si anodine, qu'elle n'ait plus ni valeur ni portée. *Amicus Plato, sed magis amica veritas.* L'intérêt des particuliers me touche; mais l'intérêt commun me paraît supérieur encore. Au reste, si révolutionnaire et si moderne que semble la thèse de l'écrivain dans la préface du *Mariage,* Molière avait déjà dit quelque chose de semblable dans celle du *Tartuffe,* lorsqu'il s'étonnait que, de tous les travers ridicules ou vices auxquels il s'était attaqué, il n'eût trouvé que l'hypocrisie pour réclamer un privilège spécial et prétendre à l'impunité : « Les marquis, les précieuses, les c.... et les médecins, ont souffert doucement qu'on les ait représentés; et ils ont fait semblant de se réjouir, avec tout le monde, des peintures que l'on a faites d'eux. Mais les hypocrites n'ont point entendu raillerie. » Et il concluait par un principe général, que l'auteur du *Mariage de Figaro* aurait pu prendre pour épigraphe : « Si l'emploi de la Comédie est de corriger les vices des hommes, je ne vois pas par quelle raison il y en aura de privilégiés. »

Les idées de Molière et celles de Beaumarchais se confondent ici presque entièrement; et, de même que certains hommes politiques ont demandé, de nos jours « la liberté comme en Turquie », l'auteur du temps de Louis XVI réclamerait volontiers « la liberté comme sous Louis XIV ». A en croire notre écrivain, ni la plupart des comédies de Molière, ni bien d'autres, ni même celle des *Plaideurs*, n'auraient pu être données de son temps. Il va un peu loin; tout polémiste force la note. La vérité est que Beaumarchais s'attaque à une caste, à l'heure même où celle-ci était déjà vigoureusement battue en brèche. De là, les haines soulevées; et ce qui étonne dans l'opposition faite à l'œuvre de Beaumarchais, ce n'est pas qu'elle ait été plus ou moins violente; c'est, au contraire, qu'elle n'ait pas été générale dans la noblesse, et que ceux qui, plus clairvoyants que les autres, discernaient le péril, aient éveillé si peu d'écho dans cette aristocratie légère et aveugle. *Le Mariage de Figaro* est un des premiers coups frappés par cette Révolution, qui allait faire des choses si terribles, que Beaumarchais lui-même, inconscient de la part qu'il a prise à cette œuvre, devait un jour en reculer, épouvanté.

Mais si *Le Mariage de Figaro* a eu de tels effets, c'est parce qu'il est venu trop bien à son heure ; simple question de date et d'opportunité. Les principes de Beaumarchais n'en restent pas moins ce qu'ils sont en eux-mêmes ; et comme les idées littéraires, quand elles sont puisées dans la vérité, sont immortelles, et survivent, par suite, à toutes les commotions politiques et sociales, il nous est loisible aujourd'hui de reconnaître tout ce qu'il y a de bon et de vrai dans cette thèse qui tend à revendiquer les droits impérissables de la Comédie à l'éternelle satire des mœurs. Écoutons, après l'auteur du *Tartuffe*, celui du *Mariage de Figaro* plaider cette juste cause :

« A force de nous montrer délicats, fins

connaisseurs, et d'affecter, comme j'ai dit autre part, l'hypocrisie de la décence auprès du relâchement des mœurs, nous devenons des êtres nuls, incapables de s'amuser et de juger de ce qui leur convient : faut-il le dire enfin? des bégueules rassasiées qui ne savent plus ce qu'elles veulent, ni ce qu'elles doivent aimer ou rejeter. Déjà, ces mots si rebattus, bon ton, bonne compagnie, toujours ajustés au niveau de chaque insipide coterie, et dont la latitude est si grande qu'on ne sait où ils commencent et finissent, ont détruit la franche et vraie gaieté, qui distinguait de tout autre le comique de notre nation. Ajoutez-y le pédantesque abus de ces autres grands mots, *décence et bonnes mœurs*, qui donnent un air si important, si supérieur, que nos jugeurs de comédies seraient désolés de n'avoir pas à les prononcer sur toutes les pièces de théâtre, et vous connaîtrez à peu près ce qui garrotte le génie, intimide tous les auteurs, et porte un coup mortel à la vigueur de l'intrigue, sans laquelle il n'y a pourtant que du bel esprit à la glace et des comédies de quatre jours.

« Enfin, pour dernier mal, tous les états de la société sont parvenus à se soustraire à la censure dramatique : on ne pourrait mettre au théâtre *Les Plaideurs* de Racine, sans entendre aujourd'hui les *Dandins* et les *Brid'oisons*, même des gens plus éclairés, s'écrier qu'il n'y a plus ni mœurs, ni respect pour les magistrats.

« On ne ferait point le *Turcaret*, sans avoir à l'instant sur les bras, fermes, sous-fermes, traites et gabelles, droits réunis, tailles, taillons, le trop-plein, le trop-bu, tous les impositeurs royaux. Il est vrai qu'aujourd'hui Turcaret n'a plus de modèles. On l'offrirait sous d'autres traits, l'obstacle resterait le même.

« On ne jouerait plus les *Fâcheux*, les *Marquis*, les *Emprunteurs* de Molière, sans révolter à la fois la haute, la moyenne, la moderne et antique noblesse. Ses *Femmes savantes* irriteraient nos féminins bureaux d'esprit; mais quel calculateur peut évaluer la force et la longueur du levier qu'il faudrait, de nos jours, pour élever jusqu'au théâtre l'œuvre sublime du *Tartuffe?* Aussi, l'auteur qui se compromet avec le public *pour l'amuser ou pour l'instruire*, au lieu d'intriguer à son choix son ouvrage, est-il obligé de tourniller dans des incidents impossibles, de persifler au lieu de rire, et de prendre ses modèles hors de la société, crainte de se trouver mille ennemis, dont il ne connaissait aucun en composant son triste drame[1]. »

« J'ai donc réfléchi que, si quelque homme courageux ne secouait pas toute cette poussière, bientôt l'ennui des pièces françaises porterait la nation au frivole opéra-comique, et plus loin encore, aux boulevards, à ce ramas infect de tréteaux élevés à notre honte, où la décente liberté, bannie du théâtre français, se change en une licence effrénée, où la jeunesse va se nourrir de grossières inepties, et perdre, avec ses mœurs, le goût de la décence et des chefs-d'œuvre de nos maîtres. J'ai tenté d'être cet homme, et si je n'ai pas mis plus de talent à mes ouvrages, au moins mon intention s'est manifestée dans tous. »

Méditons bien ces paroles. Il faut espérer que le progrès n'est pas un vain mot. Cependant, il est semblable à ce flux de la mer, où la marche en avant se fait sentir, mais à travers des alternatives, chaque vague qui vient de s'avancer dessinant, à son tour, un mouve-

---

1. Grâce à Dieu, nos auteurs ont changé de méthode,
Et nous aimons bien mieux quelque drame à la mode
Où l'intrigue, enlacée et roulée en feston,
Tourne comme un rébus autour du mirliton.
La lâcheté nous bride...

Une soirée perdue, de Musset,
à propos du *Misanthrope*.

ment de recul. Aussi, dans le long passage que je viens de citer, que de traits seraient applicables aujourd'hui ! N'avons-nous pas la licence sans la liberté ? Tout est permis contre les mœurs ; et vis-à-vis des classes d'hommes et des corps d'états, nous n'osons rien. Du scandale, partout ! de la satire, nulle part !

La lâcheté nous bride, et les sots vont disant
Que, sous ce vieux soleil tout est fait à présent ;
Comme si les travers de la famille humaine
Ne rajeunissaient pas chaque an, chaque semaine !
Notre siècle a ses mœurs, partant, sa vérité :
Celui qui l'ose dire est toujours écouté.

Mais qui donc ose ? Nos auteurs tendent, de plus en plus, à n'être que des *amuseurs*. Et quels amuseurs ! Flattant ce qu'il y a de pire en nous par le scabreux des situations et le cynisme des théories ! Ah ! les hardiesses de Beaumarchais ! Qu'on nous y ramène ! Elles pouvaient amener des Révolutions : nos audaces, elles, n'engendrent que des décadences.

Beaumarchais va trop loin, quand, dans son ardeur à faire croisade contre les abus de son temps, il dédaigne cette comédie qui ne s'en prend « qu'aux travers et aux ridicules », et quand il écrit, à ce sujet : « Cela vaut bien la peine d'écrire ! ils sont chez nous comme les modes ; on ne s'en corrige point, on en change ». N'oublions pas que, de la même plume dont Molière a écrit son *Tartuffe*, il avait composé *Les Précieuses ridicules*, et que, si le couronnement de sa carrière est superbe, le début n'en était pas à mépriser. Mais il faut songer que Beaumarchais dit cela dans la préface du *Mariage de Figaro*, et qu'on y sent, qu'on y respire l'odeur de la poudre. Entrons donc un peu dans sa passion du moment, et laissons-le dire :

« Les vices, les abus, voilà ce qui ne change point, mais se déguise en mille formes, sous le masque des mœurs dominantes : leur arracher ce masque et les montrer à découvert, telle est la noble tâche de l'homme qui se voue au théâtre. Soit qu'il moralise en riant[1], soit qu'il pleure en moralisant : Héraclite ou Démocrite, il n'a pas un autre devoir ; malheur à lui, s'il s'en écarte ! On ne peut corriger les hommes qu'en les faisant voir tels qu'ils sont. »

Et, pour répondre à l'objection qui se présente aussitôt à l'esprit, c'est-à-dire, à la crainte qu'une trop vive satire, c'est-à-dire une peinture trop vive des vices et des abus, n'offre

---

[1]. L'inventeur du « genre sérieux » commence à ne plus dédaigner le « sarcasme ».

un danger pour les mœurs, notre écrivain formule très nettement les lois de la moralité au théâtre :

« Ce n'est, dit-il, ni le vice ni les incidents qu'il amène, qui font l'indécence théâtrale; mais le défaut de leçons et de moralité. Si l'auteur, ou faible ou timide, n'ose en tirer de son sujet, voilà ce qui rend sa pièce équivoque ou vicieuse ».

Voilà, certes, des idées très saines et très justes. Mettez de côté les tableaux obscènes et licencieux, qu'un écrivain qui se respecte et respecte les autres n'aura jamais l'idée d'étaler sur la scène ; et vous reconnaîtrez alors combien Beaumarchais touche ici le point juste. On se demande souvent où est la moralité d'une œuvre et en quoi elle consiste. Ce n'est pas, certes, dans la naïve théorie à la Berquin, bonne peut-être pour l'enfance, qui montre la vertu récompensée et le vice puni. Il serait trop commode d'écrire des comédies scandaleuses, et de se déclarer en règle avec les mœurs, parce qu'on y aurait cousu un « bon dénouement ». D'ailleurs, l'assertion est fausse en elle-même et plutôt de nature à déconcerter les braves gens, qui s'aperçoivent bien vite qu'ici-bas, le vice est souvent triomphant et la vertu réduite à demander son réconfort à d'autres appuis que le succès. Et, s'il m'est permis, — et pourquoi pas ? — de citer le Christ en ces matières théâtrales, n'a-t-il pas dit lui-même que son royaume n'est pas de ce monde ?

Il n'y a donc qu'une seule moralité à chercher dans une œuvre de théâtre, une seule que nous ayons le droit d'exiger : c'est qu'à travers les incidents qu'il plaira à l'auteur de dérouler, à travers le dénouement où il nous amènera, nous sentions en lui le *vir bonus, dicendi peritus* ; en un mot, que son œuvre nous laisse l'amour du bien, la haine et l'horreur du mal. Quand il aura fait cela, il aura fait œuvre morale. Et comme, après tout, le théâtre n'a pas pour seul but de moraliser, j'admets qu'un auteur écrive des comédies « non immorales », c'est-à-dire qui n'affaiblissent en nous aucun bon sentiment et n'en éveillent aucun mauvais. De ce *minimum* nous pouvons nous contenter. Là où le théâtre devient odieux aux honnêtes gens et aux gens de cœur, c'est quand l'écrivain, « faible ou timide », n'ose tirer une conclusion de son sujet, et écrit une œuvre « équivoque et vicieuse », ou lorsque, comme nous le voyons de nos jours, (Beaumarchais n'avait pas osé prévoir ce cynisme), il affiche des théories outrageusement scandaleuses, pour le seul besoin, souvent, de se ménager un peu de bruit et de réclame.

Au demeurant, tout est dans l'impression laissée par l'œuvre, et la question de moralité gît là tout entière. La doctrine de Beaumarchais se rencontre ici presque tout à fait avec celle de La Bruyère, lorsque l'auteur des *Caractères* nous dit : « Quand une lecture vous élève l'esprit, et qu'elle vous inspire des sentiments nobles et généreux, ne cherchez pas une autre règle pour juger de l'ouvrage, il est bon, et fait de main d'ouvrier. » Il me semble même qu'ici La Bruyère va plus loin que Beaumarchais; car, à l'auteur qui sait inspirer des sentiments nobles et élevés, il ne décerne pas seulement un brevet de moralité, mais même un brevet littéraire : « L'ouvrage est bon et fait de main d'ouvrier. » Nous dirions aujourd'hui : « de main de maître ».

Pauló minora. — Parlons du style! Beaumarchais s'arrête sur cette question ; et, à l'en croire, il semble qu'un écrivain de théâtre doive prendre à tâche de n'avoir aucun style. Avant de discuter cet axiôme, dont le seul énoncé peut surprendre, laissons la parole à l'écrivain :

« Un homme de beaucoup d'esprit, mais qui l'économise un peu trop, me disait, un soir, au spectacle : « Expliquez-moi donc, je vous prie, pourquoi, dans votre pièce, on trouve autant de phrases négligées, qui ne sont pas de votre style ? — De mon style, monsieur ? *Si, par malheur, j'en avais un,* je m'efforcerais de l'oublier, quand je fais une comédie : ne connaissant rien d'insipide au théâtre comme ces fades camaïeux où tout est bleu, où tout est rose, où tout est l'auteur, quel qu'il soit. »

« Lorsque mon sujet me saisit, j'évoque tous mes personnages et les mets en situation : — Songe à toi, Figaro, ton maître va te deviner. — Sauvez-vous vite, Chérubin ; c'est le comte que vous touchez. — Ah, comtesse, quelle imprudence avec un époux si violent ! — Ce qu'ils diront, je n'en sais rien ; c'est ce qu'ils feront qui m'occupe. Puis, quand ils sont bien animés, j'écris sous leur dictée rapide, sûr qu''ils ne me tromperont pas, que je reconnaîtrai Basile, lequel n'a pas l'esprit de Figaro, qui n'a pas le ton noble du comte, qui n'a pas la sensibilité de la comtesse, qui n'a pas la gaîté de Suzanne, qui n'a pas l'espièglerie du page, et surtout aucun d'eux la sublimité de Bridoison : chacun d'eux y « parle son langage ;

et que le Dieu du naturel les préserve d'en parler d'autre ! »

Le naturel ! Il faut toujours en venir là, avec les grands écrivains de théâtre. Molière le recommande aux comédiens; et Shakespeare lui-même en fait autant par la bouche d'Hamlet. Mais Beaumarchais est-il bien sincère, quand il se vante de n'avoir pas de style ? Je connais peu d'écrivains dramatiques qui en aient un plus marqué. La vérité est qu'il se pique — et combien a-t-il raison ! — de vouloir, malgré l'inévitable *camaïeu* de son style, s'effacer derrière ses divers personnages, pour laisser chacun d'eux parler le langage qui lui convient. En fait, il lui arrive souvent, au contraire, de renvoyer l'un d'eux dans la coulisse, et de se substituer à lui, pour nous haranguer directement.

Beaumarchais est plein de « mots d'auteur ». Il *a* beaucoup d'esprit; mais il en *fait* encore plus : « Quand on cède à la peur du mal, dit Figaro à Rosine, on ressent déjà le mal de la peur ». Tel est, souvent, son « naturel ». Il court sans cesse, et avec succès, j'en conviens, après ce qu'on nomme au théâtre « l'effet ». Je ris, tout le premier, quand, Bartholo se plaignant de la façon dont Figaro a traité L'Éveillé et La Jeunesse, dit au barbier : « Que direz-vous à ce malheureux qui bâille et dort tout éveillé? Et l'autre qui, depuis trois heures, éternue à se faire sauter le crâne et jaillir la cervelle, que leur direz-vous? » et que celui-ci répond : « Eh ! parbleu, je dirai à celui qui éternue : Dieu vous bénisse ! et, va te coucher, à celui qui bâille ». Oui, je ris, et trouve cela spirituel autant qu'amusant. Mais je ne puis m'empêcher de remarquer que la question de Bartholo : « Que leur direz-vous ? » manque absolument de « naturel », et que, loin d'être l'homme farouche de son rôle, le bon docteur se fait ici le compère de l'auteur comique pour préparer et amener la réplique à effet de Figaro. Et ainsi de bien d'autres traits, où les personnages s'effacent, et où apparaît *seul* le spirituel Beaumarchais ! Molière, qui ne se pique que de génie et ne court pas après l'esprit, n'offre jamais rien de pareil.

Il y a donc quelque désaccord entre la théorie et la pratique de notre écrivain. Je veux croire à sa bonne foi; mais alors il se fait singulièrement illusion, s'il s'imagine que ses personnages ont toujours, et chacun, leur langage distinct et bien personnel. Hors, peut-être, Brid'oison, ils font tous de l'esprit; et cet esprit, en dépit des théories de Beaumarchais, c'est toujours un peu trop l'esprit de Beaumarchais lui-même. Il n'est pas jusqu'à Basile qui ne tende la perche à l'auteur, avec les proverbes modifiés à son usage : « Tant va la cruche à l'eau qu'à la fin elle s'emplit ».

Le spirituel auteur eût pu, au reste, reprendre le mot connu du prédicateur, à qui l'on reprochait de ne pas prêcher assez d'exemple : « Faites ce que je dis, et non ce que je fais ». Qu'il mette plus ou moins ses théories en pratique, c'est son affaire ; mais ces théories n'en sont pas moins bonnes, et celle qu'il émet dans la préface du *Mariage de Figaro*, sur l'appropriation du dialogue aux caractères, est absolument juste et ne saurait être trop méditée. Foin de ces dialogues dramatiques, insupportables et malheureusement trop communs, « où tout est l'auteur, quel qu'il soit », et aboutissant, comme il dit, à de fades *camaïeux?*

Il faut, cependant, rendre justice à l'auteur du *Mariage de Figaro*. Il est bien vrai que, dans son dialogue dramatique, il met trop de lui-même ; que sa personnalité ne sait pas assez s'effacer ; qu'elle se trahit par de trop fréquentes échappées ; que trop souvent l'homme d'esprit veut placer son mot au risque de dénaturer un caractère ; mais il ne faut pas moins reconnaître que Beaumarchais fut, au théâtre, l'introducteur d'un langage excellent, vif, léger, et qui a, comme il le dit, du « naturel », lorsque l'auteur s'oublie et ne vise pas aux saillies. C'est là son « style », quoiqu'il se vante de ne pas en avoir ; et comme ce style a fait fortune, c'est le père du nôtre. Beaumarchais inaugure, ou, du moins, il multiplie ces phrases suspendues qui donnent tant de vivacité au dialogue théâtral et lui évitent la lourdeur d'une correction académique. Voyons plutôt :

« FIGARO, *se frottant le front.*

« Ma tête s'amollit de surprise ; et mon front fertilisé...

« SUZANNE

« Ne le frotte donc pas !

« FIGARO

« Quel danger ?...

« SUZANNE, *riant.*

« S'il y venait un petit bouton ! Des gens superstitieux... »

Sur quatre répliques, il y a trois suspensions : « Mon front fertilisé... Quel danger ?... Des gens superstitieux... » Mais voyez quelle pesanteur de style, si l'on voulait compléter ces phrases, que tout spectateur intelligent achèvera de lui-même ! C'est là une véritable conquête de Beaumarchais, conquête durable ; car ce langage coupé règne aujourd'hui en maître. Il y règne même jusqu'à l'abus ; mais il ne faut pas demander à l'homme de rester en rien dans la juste mesure.

Je ne voudrais pas quitter cette préface du *Mariage de Figaro* sans y relever un paragraphe d'intérêt historique, et qui, d'ailleurs, rentre dans l'étude que je poursuis ; car, en donnant la genèse de cette comédie, il nous initie à cet avant-travail que je cherche dans les préfaces et les écrits théoriques des grands auteurs dramatiques.

D'où est né *Le Mariage de Figaro ?* Beaumarchais nous le dit : un peu de la préface du *Barbier de Séville*, où l'auteur, par façon de plaisanterie, s'était amusé à supposer le « sixième acte de sa pièce, et à faire de son Figaro un fils oublié de Bartholo et de Marceline ; et enfin du conseil ou défi qu'un prince du sang lui aurait donné de reprendre cette indication et de donner une suite à son *Barbier*. Notre écrivain, qui ne savait ni haïr ni aimer à demi, a consacré à l'inspirateur de son chef-d'œuvre un monument de reconnaissance, qui durera, *ære perennius*, tant que notre langue sera parlée et même lue.

« Feu M. le Prince de Conti, dit-il, de patriotique mémoire (car en frappant l'air de son nom, l'on sent vibrer le vieux mot de Patrie), feu M. le Prince de Conti donc, me porta le défi public de mettre au théâtre ma préface du *Barbier*, plus gaie, disait-il, que la pièce, et d'y montrer la famille de Figaro, que j'indiquais dans cette préface. « Monseigneur, lui répondis-je, si je mettais une seconde fois ce caractère sur la scène, comme je le montrerais plus âgé, qu'il en saurait quelque peu davantage, ce serait bien un autre bruit, et qui sait s'il verrait le jour ! » Cependant, par respect, j'acceptai le défi; je composai cette *Folle Journée*, qui cause aujourd'hui la rumeur. Il daigna la voir le premier. C'était un homme d'un grand caractère, un prince auguste, un esprit noble et fin : le dirai-je ? il en fut content. »

Voilà un trait qui doit faire vivre la mémoire du prince de Conti, comme la représentation du *Tartuffe* défend, devant les lettrés, la gloire, aujourd'hui si attaquée, de Louis XIV. Je ne discuterai pas, d'ailleurs, les louanges hyperboliques données à l' « auguste prince » par notre Beaumarchais, qui, un peu bien intéressé dans la question, ressemble plus ici à un personnage qu'à un auteur comique : « Tudieu ! vous avez le goût bon ! », s'écrie Mascarille, quand on approuve son madrigal. — Ce qu'il me sera permis de regretter, c'est que l'écrivain, qui craignait de montrer, dans la *Folle Journée*, un Figaro trop âgé, n'ait pas été arrêté par ce scrupule, le jour où il lançait dans le monde son ennuyeux mélodrame de *La Mère coupable*.

Quelques années seulement séparent *Le Mariage de Figaro* de cette dernière pièce; mais ce n'est pas assez de dire que de pareilles années comptent double. Le nouveau drame à peine paru, à la veille de la Terreur (6 juin 1792), l'écrivain dut s'exiler; et l'ouvrage ne fut repris que longtemps après le neuf thermidor (5 mai 1797) « par les anciens acteurs du Théâtre-Français ». C'est de cette reprise que date la préface, qui se ressent, comme l'œuvre même, de la tristesse de l'auteur, assombri et alourdi également par la dureté des temps et la pesanteur de l'âge.

Aussi, dans cette préface, relativement courte, et qu'il intitule « Un mot sur *La Mère coupable* », il ne faut plus lui demander cet aplomb et cette verve sarcastique des deux autres, qu'on pourrait dire doublés d'un peu d'outrecuidance. Notre homme est complètement retourné : il a subi, lui aussi, sa révolution intérieure ; et c'est avec une modestie et une crainte qui ne sont plus jouées, qu'il aborde le public, et tend vers lui les mains d'un vieillard et d'un suppliant :

« O mes concitoyens, vous à qui j'offre cet essai, s'il vous paraît faible ou manqué, critiquez-le, mais sans m'injurier. Lorsque je fis mes autres pièces, on m'outragea longtemps pour avoir osé mettre au théâtre ce jeune Figaro, que vous avez aimé depuis. J'étais jeune aussi, j'en riais. En vieillissant, l'esprit s'attriste, le caractère se rembrunit. J'ai beau faire, je ne ris plus quand un méchant ou un fripon insulte à ma personne, à l'occasion de mes ouvrages : on n'est pas maître de cela.

« Critiquez la pièce, fort bien. Si l'auteur est trop vieux pour en tirer du fruit, votre leçon peut profiter à d'autres. L'injure ne profite à personne, et même elle n'est pas de bon goût. On peut offrir cette remarque à une nation renommée pour son ancienne politesse, qui la faisait servir de modèle en ce point, comme elle est encore aujourd'hui celui de la haute vaillance. »

C'est sur ces mots que se termine notre préface, qui, pour cette fois, est bien la supplique du justiciable à ses juges. Figaro-Beaumarchais ne songe plus à mettre les rieurs de son côté. Et qu'on ne dise pas que, dans *La Mère coupable*, il n'y a pas le plus petit mot pour rire. Cela est vrai, sans doute; mais qu'importe? Est-ce qu'en nous présentant la plaintive *Eugénie*, notre écrivain, plein de jeunesse, ne brillait pas, nous l'avons vu, de toute sa verve et de tout son esprit? La vérité est donc qu'il se sent vieux, *vidé*, comme dirait un moderne, si vieux même et si vidé qu'il se l'avoue à lui-même et ne cherche pas à le dissimuler aux autres.

Et cependant, s'il faut l'en croire, cette *Mère coupable*, qu'il craint bien d'avoir manquée, c'était le couronnement de sa carrière : c'était sa pensée dominante. Je n'invente rien : c'est lui qui parle :

« Peut-être ai-je attendu trop tard pour achever cet ouvrage terrible, qui me consume la poitrine, et devait être écrit dans la force de l'âge. Il m'a tourmenté bien longtemps. Mes deux comédies espagnoles ne furent faites que pour le préparer. »

MES DEUX COMÉDIES ESPAGNOLES NE FURENT

FAITES QUE POUR LE PRÉPARER ! Quel étrange aveu ! Dans la pensée de Beaumarchais, l'immortel Figaro, le héros du *Barbier* et du *Mariage*, ne représente qu'un corps d'avant-garde destiné à préparer la venue du général en chef, Bégearss, l'autre Tartuffe ! [1] Voilà à quel point les plus grands écrivains peuvent se tromper eux-mêmes sur la valeur relative de leurs conceptions ! Corneille mettait son *Sertorius* au-dessus de tout. C'est ainsi, du reste, qu'Ingres s'estimait violoniste plus que peintre, et que Gavarni voulait être admiré surtout comme mathématicien.

Que conclure de tout cela ? C'est que Beaumarchais, inventeur ou propagateur du « genre sérieux », attachait plus de prix à ses drames qu'à ses comédies. C'est en passant, occasionnellement, pour mettre simplement en relief son « autre Tartuffe », qu'il a créé ces figures impérissables : Figaro, Rosine, Almaviva, Suzanne, Brid'oison ! L'auteur d'*Eugénie* n'est écrivain comique que par rencontre : le drame est tout ce qui le préoccupe. Combien devons-nous nous féliciter de cette pointe poussée par l'homme du drame sur le terrain de la comédie,

---

[1]. Beaumarchais intitule son drame : *L'autre Tartuffe ou la Mère coupable.*

puisque nous lui devons deux chefs-d'œuvre de notre théâtre ! L'homme qui a osé écrire, dans la préface d'*Eugénie (Essai sur le genre dramatique sérieux)* les lignes suivantes : « Si le tableau gai du ridicule amuse un moment l'esprit au spectacle, l'expérience nous apprend (?) que le rire qu'excite en nous un trait lancé meurt absolument sur sa victime, sans jamais réfléchir jusqu'à notre cœur » ; cet homme-là serait mort écrasé sous la lourdeur de ses drames fastidieux, si sa mémoire n'eût été sauvée par deux de ces œuvres légères dont il faisait fi, deux comédies !

J'en aurais fini avec les préfaces de Beaumarchais, si intéressantes d'ailleurs, si nous n'avions celle de *Tarare;* cet opéra où notre écrivain ne dédaigna pas le rôle de librettiste, dont tant de gens font peu de cas, pour ne pas savoir ce qu'il exige de précieuses qualités littéraires. Déjà, nous l'avons vu, dans la préface du *Barbier*, malmener la musique de son temps, l'accusant de lenteurs et de rabâchages. Ici, il va reprendre le même thème, et, serrant de plus près son sujet, s'attacher à relever la tâche du poète dans le drame lyrique, et surtout à montrer ce qu'elle est, ce qu'elle ne doit pas être, ce qu'elle peut devenir. Comme

Beaumarchais est toujours l'homme dont on peut dire, avec les *Femmes savantes* :

Ses titres ont toujours quelque chose de rare,

il traite son avant-propos comme une épître et l'intitule : *Aux abonnés qui voudraient aimer l'opéra.* Ceci fait, il entre en matière, de façon à ne laisser aucune équivoque :

« Ce n'est point, dit-il, de l'art de chanter, du talent de bien moduler, ni de la combinaison des sons ; ce n'est point de la musique en elle-même, que je veux vous entretenir ; c'est l'action de la poésie sur la musique, et la réaction de celle-ci sur la poésie au théâtre, qu'il importe d'examiner, relativement aux ouvrages où ces deux arts se réunissent. Il s'agit moins pour moi d'un nouvel opéra, que d'un nouveau moyen d'intéresser à l'opéra ».

Et notons, bien que ce qui suit soit une digression, mais qui ne nous retiendra pas longtemps, l'enthousiasme, montré dès la phrase suivante, par notre écrivain, pour son temps et son pays, et comme il est heureux d'être né français, et à la veille de la Révolution !

« Pour vous disposer à m'entendre, à m'écouter avec un peu de faveur, je vous dirai, mes chers contemporains, que je ne connais point de siècle où j'eusse préféré de naître, point de nation à qui j'eusse aimé mieux appartenir. Indépendamment de tout ce que la société française a d'aimable, je vois en nous, depuis vingt ou trente ans, une émulation vigoureuse, un désir général d'agrandir nos idées par d'utiles recherches, et le bonheur de tous par l'usage de la raison. »

Et, dans cet enthousiasme, qui le grise, notre écrivain comique, que nous avons vu dédaigner la comédie, va jusqu'à déprécier... quoi? La littérature !

« On cite le siècle dernier comme un beau siècle littéraire; mais qu'est-ce que la littérature dans la masse des objets utiles? Un noble *amusement* de l'esprit! »

« Amusement ! » Pourquoi pas « amusette » ? Allons, Beaumarchais, du calme ! Ne nous *emballons* pas ; et ne tombons pas dans le travers des enthousiastes, qui trouvent toujours que la dernière chose dont ils ont parlé est la première de toutes !

Mais je reviens à la question, au livret d'opéra. Si la littérature n'est qu'un « noble amusement de l'esprit », ce genre littéraire a toujours été considéré comme le moins noble de tous. Pourquoi? Beaumarchais se le demande. « D'où naît, dit-il, ce dédain pour le poème d'un opéra? car enfin ce travail a sa difficulté. » Selon lui, l'explication de ce préjugé est dans la façon erronée dont, jusqu'alors, la part du poème dans l'opéra a été comprise. Et non seulement celle du poème, mais celle même de tous les autres arts qui concourent à la formation de ce spectacle. L'opéra est, d'après lui, un composé d'éléments intéressants, mais mal amalgamés :

« Le froid dédain d'un opéra ne vient-il pas de ce qu'à ce spectacle la réunion mal ourdie de tant d'arts nécessaires à sa formation, a fini par jeter un peu de confusion dans l'esprit sur le rang qu'ils doivent y tenir, seul plaisir qu'on a droit d'en attendre? »

Cette malfaçon de l'opéra durait depuis plus d'un siècle ; et Beaumarchais explique, par les raisons qui durent encore de son temps, l'observation que faisait La Bruyère cent ans auparavant : « On voit bien que l'opéra est l'ébauche d'un grand spectacle, il en donne l'idée ; mais je ne sais pas comment l'opéra, avec une musique si parfaite et une dépense toute royale, a pu réussir à m'ennuyer. »

C'est que l'opéra ne savait alors que chanter, et non intéresser par le développement d'une action, et surtout d'une musique dramatiques. Beaucoup le jugeaient ennuyeux, comme le dit La Bruyère, et même impuissant à cesser de l'être. Boileau, par exemple, l'avait condamné d'avance, comme le rappelle ici Beaumarchais :

« Boileau écrivait à Racine : *On ne fera jamais un bon opéra. La musique ne sait pas narrer.* Il avait raison pour son temps. Il aurait pu même ajouter : *La musique ne sait pas dialoguer.* On ne se doutait pas alors qu'elle en devînt jamais susceptible. »

Elle l'est devenue aujourd'hui ; et les efforts de Beaumarchais n'y auront pas été inutiles. Il fallait que l'opéra cessât d'être un concert avec une simple ombre de drame pour prétexte, et devînt un vrai *drame lyrique.* C'est ce que notre écrivain a admirablement compris, avec quelques musiciens, d'ailleurs, et, entre autres, le grand Gluck :

« Sitôt que l'acteur chante, la scène se repose (je dis s'il chante pour chanter) ; et partout où la scène se repose, l'intérêt est anéanti. Mais, direz-vous, si faut-il bien qu'il chante, puisqu'il n'a pas d'autre idiôme ! — Oui ; mais tâchez que je l'oublie. L'art du compositeur serait d'y parvenir. Qu'il chante le sujet comme on le versifie, uniquement pour le parer ; que j'y trouve un charme de plus, non un sujet de distraction. »

Du reste, Beaumarchais, qui n'enfonce pas ici des portes ouvertes, tant s'en faut, mais qui n'est pas seul à enfoncer des portes fermées, est bien obligé de reconnaître que des progrès ont été faits, de son temps même, sur ce chapitre. Je m'étonnais plus haut de voir un contemporain de Gluck pester contre la musique dramatique de son temps, sans rendre à ce grand novateur lyrique la justice qui lui est due. Notre écrivain, qui a peut-être ignoré jusqu'alors le compositeur viennois, commence, cette fois, à le connaître, il s'en fait même un allié ; car Gluck, comme Beaumarchais, combat l'opéra de son temps, et lui reproche — qu'on ne s'en étonne pas ! — de contenir *trop de musique* :

« Il y a trop de musique dans la musique de théâtre, elle en est toujours surchargée ; et, pour employer l'expression naïve d'un homme justement célèbre, du célèbre Chevalier Gluck, notre opéra pue de musique : *puzza di musica.* »

Le voilà donc nommé, le grand réformateur de l'opéra! Plus loin même, notre écrivain rend justice « aux efforts qu'on a *faits,* depuis

Iphigénie, *Alceste*, et le Chevalier Gluck, pour améliorer ce spectacle. »

« Je pense, nous dit enfin Beaumarchais, que la musique d'un opéra n'est qu'un nouvel art d'embellir la parole, dont il ne faut point abuser. »

Il fallait bien que Beaumarchais et Gluck fussent dans le vrai, puisque leur doctrine s'est imposée si magistralement, et que l'opéra a toujours été s'améliorant dans cette voie. — Toujours !... Je vais peut-être un peu loin. Depuis quelques années, en poussant la doctrine à l'extrême et le système jusqu'à la sécheresse, nous sommes tombés dans ce qu'on nomme le wagnérisme, qui, la valeur de Wagner mise à part, est bien le couronnement, par l'exagération et l'excès poussés jusqu'à l'absurde, des idées émises par notre Beaumarchais. Celui-ci, s'il vivait aujourd'hui, serait-il devenu wagnérien ? Je ne le crois pas. Son bon sens gaulois l'eût, je pense, arrêté en chemin, comme nous avons vu, dans l'ordre politique, son enthousiasme de 89 sensiblement refroidi par 93. Il demandait à l'opéra de cesser d'être « ennuyeux. » Donc, la sécheresse de la théorie wagnérienne, qui repousse les duos, les trios, les ensembles, et, en général, tous les *morceaux de chant*, eût été, je le crois, combattue par lui, au nom même des principes qui lui faisaient soutenir, avec Gluck, « le bon combat. »

Je ne poursuis pas ce débat, qui finirait par me faire perdre de vue mon sujet. Après ces considérations générales sur le poème d'opéra, je voudrais faire connaître les idées de Beaumarchais sur sa part personnelle dans l'œuvre d'ensemble : l'exécution du livret. Mais il ne nous livre sur ce point que quelques aperçus, parce qu'il s'inféode trop au travail commun pour se faire à lui-même sa part, et que, dans sa collaboration, à l'avant-scène, avec « son ami Salieri », il se persuade volontiers qu'il a tout fait et gourmande les chanteurs et les musiciens de l'orchestre, comme s'il était le compositeur lui-même. Il est vrai qu'il s'agit de faire entendre son texte et de permettre aux auditeurs de le suivre et de s'intéresser à l'action :

« Deux maximes fort courtes ont composé, dans mes répétitions, ma doctrine pour ce théâtre. A mes acteurs, pleins de bonne volonté, je n'ai proposé qu'un précepte : « PRONONCEZ BIEN ! » Au premier orchestre du monde, j'ai dit seulement ces deux mots : « APAISEZ-VOUS ! » Ceci bien compris, bien saisi, nous rendra dignes, ai-je ajouté, de toute l'attention publique. Mais me dira quelqu'un, si nous n'entendons rien, que voulez-vous donc qu'on écoute? Messieurs, on entend tout au spectacle où l'on parle, et l'on n'entendrait rien au spectacle où l'on chante! Oubliez-vous qu'ici chanter n'est que parler plus fort, plus harmonieusement? Qui donc vous assourdit l'oreille? est-ce l'empâtement des voix, ou le trop grand bruit de l'orchestre? *Prononcez bien; apaisez-vous*, sont pour l'orchestre et les acteurs le premier remède à ce mal.

« Mais j'ai découvert un secret que je dois vous communiquer. J'ai trouvé la grande raison qui fait qu'on n'entend rien à l'Opéra. La dirai-je, messieurs? *C'est qu'on n'écoute pas.* »

On n'écoute pas! Voilà ce que Beaumarchais ne peut admettre. S'il veut bien écrire des poëmes d'opéra, il prétend qu'on les écoute. Pour cela, il faut que le poëte sache nous intéresser d'abord, et que le musicien, ensuite, se donne à tâche de faire valoir la pensée du poëte. Qu'on me permette ce rapprochement : les ménages heureux sont ceux où chacun des époux a en vue le bonheur de l'autre. L'union du poëte et du musicien, dans un opéra, ressemble assez bien à un ménage. Il faut que le poëte cherche surtout à faire valoir le musicien, et que celui-ci ne perde jamais de vue la pensée du premier. Quand cette double abnégation se produit, on est sur le chemin du chef-d'œuvre. Cet accord parfait, à en croire la préface de *Tarare*, aurait bien existé entre Beaumarchais et le compositeur Salieri. Cependant, il n'est pas sûr que la partition de Salieri fût un chef-d'œuvre ; mais aussi est-il bien certain que le livret de Beaumarchais n'en est pas un. Cela prouverait que la théorie est une chose, et la pratique une autre. Et puis, est-il bien assuré que l'entente parfaite fût si grande entre le musicien et le poète? Beaumarchais est un peu suspect ; et, si ses préfaces sont toujours intéressantes, elles ne sont pas toujours d'une absolue sincérité.

Notre homme est, au théâtre surtout, le pont jeté entre le xviiie siècle et le xixe. Mais celui qui passe un pont tourne le dos à la rive qu'il quitte, pour ne plus voir que celle qu'il veut atteindre. Aussi notre écrivain appartient-il beaucoup plus au nouveau siècle, sur lequel il va prendre tant d'influence, qu'à l'ancien, avec lequel il entend rompre, comme révolutionnaire et comme réformateur.

CHAPITRE III

LES ÉCRIVAINS DRAMATIQUES DU XIXᵉ SIÈCLE

I

Nous allons voir les idées de Beaumarchais s'appliquer, ses théories se répandre ; les germes, qu'il a confiés à la terre, prendre racine, pousser des rameaux et se multiplier. Notre théâtre est né des audaces de l'auteur du *Barbier de Séville* et du *Mariage de Figaro*. Dans sa manière nerveuse et agitée, dans ses traits brillants et mordants, sa tendance à philosopher et à mettre ses œuvres dramatiques au service de ses idées sociales, Alexandre Dumas fils, l'un des premiers écrivains de la seconde moitié du xixᵉ siècle, est l'héritier direct de Beaumarchais, et son fils intellectuel, plus qu'il ne l'est de Dumas père.

Mais n'anticipons pas. Il me faut, d'abord, prendre le xix° siècle à ses débuts. Ces débuts, ils se développent à travers tant de préoccupations politiques et sociales, tant et de tels événements militaires, que, sous la voix des orateurs qui discutent nos lois et notre constitution, sous le grondement du canon qui défend nos droits, la littérature sombre et disparaît. Quelle comédie pourrait se faire entendre en des heures si graves, et quelle tragédie vaudrait celles qui se jouent à nos frontières? Donc, aucun écrivain saillant n'apparaît, au théâtre, pendant les vingt ou trente premières années du siècle ; aucun ne nous livre ces documents que nous cherchons, les pages où s'émettent des idées fécondes et qui appellent la discussion. Il faut aller jusqu'à la naissance du Romantisme pour trouver un théâtre qui porte la marque d'une certaine originalité. Jusque-là, les grands classiques, les immortels suffisent à porter le poids du répertoire, qu'aucune œuvre nouvelle de quelque valeur ne vient compléter ou enrichir. Des écrivains sans ombre de génie, et même de peu de talent, se traînant à la remorque des maîtres, cherchent à les imiter dans de plats balbutiements, comme les prêtres d'une religion oubliée psalmodient des prières dont le sens est perdu.

De la littérature de l'Empire, deux vers ont survécu. L'un, de Népomucène Lemercier,

> Le trident de Neptune est le sceptre du monde,

et l'autre, un vrai beau vers, celui-là, de Raynouard, dans *Les Templiers*,

> Mais il n'était plus temps : les chants avaient cessé.

Ces vingt-quatre syllabes (vingt-cinq, en comptant la muette) constituent à peu près tout ce qui, dans nos bibliothèques, représentera le théâtre du premier quart du XIX° siècle. Ces faux classiques qui, dans la lutte littéraire, n'auraient été, pour nos maîtres, que des défenseurs compromettants, si le génie de Molière, de Corneille et de Racine pouvait jamais être compromis, étaient si bien à la merci de qui voudrait les attaquer, que je ne puis vraiment admirer les victoires du Romantisme. Les Romantiques n'ont fait qu'enfoncer des portes ouvertes et tuer des gens mort-nés. Pareils ou Matamore espagnol, dont ils ont un peu le tempérament, et dont leurs héros s'inspirent toujours plus ou moins, ils parlent sans cesse de tout pourfendre, et font, en somme, beaucoup plus de bruit que de besogne. Qu'on me cite un progrès que nous leur devions? — Est-ce l'affranchissement des règles trop étroites, la liberté des genres, la suppression des barrières entre lesquelles tragédie et comédie étaient parquées? Mais Diderot et Beaumarchais avaient déjà réclamé tout cela avant eux! — Est-ce la connaissance du théâtre étranger? Hélas! Ils l'imitaient presque aussi maladroitement que leurs adversaires singeaient nos grands classiques; et, d'ailleurs, s'ils ont commencé ce travail de destruction et de ruine de notre esprit national qui va si grand train aujourd'hui, avons-nous à leur en savoir bien bon gré?

Le mérite des Romantiques, comme celui des Révolutionnaires, en général, est presque exclusivement négatif. S'il est vrai, comme on l'a dit, qu'il est des morts qu'il faut tuer, nous avons à les remercier d'avoir tué ce fantôme de théâtre qui régnait alors sur nos scènes. Ils furent des démolisseurs; mais ils ne surent pas assez construire. Non, pas même le jour où ils purent mettre à leur tête un poète de génie. Victor Hugo, qui fut très grand par lui-même, n'a pas fait, il ne pouvait pas faire école. Si son œuvre, malgré un caractère factice, s'impose à notre admiration par la beauté de la langue et la puissance poétique et imaginative, il n'a pas assez d'idées précises sur le théâtre, il est trop étranger aux principes de l'art dramatique, pour fonder une école et avoir ce qu'on appelle des disciples. C'est un isolé, et lorsque l'admiration a poussé de jeunes écrivains à l'imiter, ils n'ont pu lui prendre que ses défauts. Quand un grand poète, comme Corneille, par exemple, joint à son génie des doctrines littéraires saines et réfléchies, il ne peut, sans doute, transmettre son génie, mais il peut transmettre ses idées. Ainsi se forment une génération et une école d'écrivains nouveaux, qui commencent, comme cela est normal, par l'imitation, pour continuer ensuite, s'ils ont quelque vitalité, par le développement personnel et la création. Mais quand, comme Victor Hugo, le poète est grand par le jeu d'une inspiration brillante, qui ne doit rien à la justesse de ses théories, quand il emprunte, d'ailleurs, son action sur nous à une force réelle, mais désordonnée et mal pondérée, il est le maître le plus compromettant, et ne peut donner que de dangereux exemples, puisque, ne pouvant, pas plus que les autres, transmettre son génie, il donne cependant crédit à des idées fausses et les couvre de son autorité.

Il peut sembler à quelques-uns que j'aie perdu de vue mon sujet ; mais je ne m'en suis pas écarté autant que j'en ai l'air. Si ce travail a pour objet de mettre ce que les grands écrivains dramatiques ont voulu faire en regard de ce qu'ils ont fait, ces préliminaires m'ont bien amené au point que je visais ; et me voici prêt à demander aux préfaces de Victor Hugo la part qu'elles contiennent de la pensée du maître. La tâche est ardue ; car Hugo est un génie tout instinctif : de son cerveau, cratère bouillant, la poésie jaillit et s'élève comme une gerbe de feu ; mais allez donc demander au cratère son secret, à la lave son chemin pour arriver jusqu'à nous ? Jamais poète ne fut moins théoricien que Hugo, non qu'il recule devant les théories ; il en émet plutôt plusieurs en une seule phrase, sans s'apercevoir même que, le plus souvent, elles se contredisent. Mais jamais poète ne se douta moins des préceptes de son art et des causes même de sa pensée. A l'appui de ce que j'avance, ses préfaces se dressent au-devant de ses drames, comme autant de monuments stupéfiants et d'énigmes troublantes. On les lit ; et on se demande, après, ce qu'on a lu ; on se demande surtout quelle relation il y a entre cette prose, aussi vide que sonore, et les beaux vers vibrants qui la suivent. Il en est de célèbres pourtant ; mais bien fin, aujourd'hui, qui pourrait dire pourquoi. Une d'entre elles est même illustre : la *préface de Cromwell*.

Hugo n'avait pas encore écrit pour le théâtre ; et la scène était occupée par les écrivains pseudo-classiques, dont Casimir Delavigne [1] était certes le plus méritant, lorsque cette préface éclata comme un coup de tonnerre dans un ciel serein. Hugo s'y donne les airs d'un Samson qui ébranle les colonnes du temple et écrase ses adversaires sous les ruines de l'édifice ; mais, au demeurant, on ne sait pas bien ce qu'il détruit, et encore moins ce qu'il pourrait construire. Un style superbe, pareil à une belle amphore antique retrouvée, et qui ne contient rien ; d'admirables images, qui ne prouvent rien ; de pompeuses périodes qui n'aboutissent à rien ; voilà la *préface de Cromwell*.

Je voudrais en extraire des idées, pour pouvoir les approuver ou les discuter : j'en vois

---

[1]. L'auteur de *Marino Faliero*, si oublié aujourd'hui, n'est pas indigne de quelque attention ; mais je ne puis lui réserver une place dans cette étude : il ne dogmatise pas, et ne nous a pas livré ses pensées sur l'art du théâtre.

bien, qui se suivent, se heurtant, s'entrechoquant, se contredisant même ; aucune qui s'asseoie et se fixe ; aucune qui reste acquise et nous garantisse la doctrine du poète. Dans ce morceau retentissant, il n'y a guère que du bruit ; ou, comme dirait l'auteur d'*Hamlet*, que Victor Hugo nomme ici — Dieu sait pourquoi ! — « Gilles Shakespeare » : « Des mots ! des mots ! des mots ! »

Une note particulièrement caractéristique, c'est que l'écrivain commence cet interminable *factum*, en déclarant qu'il ne voit pas la nécessité d'une préface :

« Ce n'est pas, du reste, sans quelque hésitation que l'auteur de ce drame s'est déterminé à le charger de notes et d'avant-propos. Ces choses sont d'ordinaire fort indifférentes aux lecteurs. Ils s'informent plutôt du talent d'un écrivain que de ses façons de voir ; et qu'un ouvrage soit bon ou mauvais, peu leur importe sur quelles idées il est assis, dans quel esprit il a germé. On ne visite guère les caves d'un édifice dont on a parcouru les salles, et, quand on mange le fruit de l'arbre, on se soucie peu de la racine. »

Si je voulais en croire ce début, aussitôt contredit, du reste, par les quarante-six pages bien serrées qui viennent à la suite, c'est le travail même que je poursuis dans ce livre qu'il me faudrait abandonner, comme dépourvu d'intérêt. « Quand on mange le fruit de l'arbre, dit le poète, on se soucie peu de la racine. » On me permettra, à cette image, d'en substituer une autre, bien moins poétique et moins gracieuse, mais qu'on pourra reconnaître plus juste : « Est-il vrai, dirai-je à mon tour, que, quand on mange un plat, plus ou moins bien fait, on ne se soucie pas du procédé culinaire qui l'a produit? » Vous voyez tout de suite en quoi ma comparaison, assez vulgaire, j'en conviens, est ici bien plus juste. Le fruit est un produit de Dieu ; et discuter avec Dieu, n'est pas seulement impie, mais aussi bien inutile. Le drame, au contraire, est, comme le plat du cuisinier, une œuvre essentiellement humaine ; et il n'est pas sans intérêt de savoir comment et pourquoi on l'a fait ; et s'il ne pourrait pas être amélioré. Il me semble donc y avoir quelque intérêt à en bien connaître la *cuisine*. C'est de cette pensée, pour le dire en passant, qu'est né le présent livre.

Au reste, le prosateur Hugo a ceci de bon que, s'il vous condamne au *recto*, il se hâte de vous donner raison au *verso*. « Pas de préface ! », s'écrie-t-il! Et ces mots sont suivis de la plus longue préface que personne, et lui-même, ait jamais écrite. S'il n'y remonte pas, comme l'Intimé, jusqu'avant l'origine du monde, bien peu s'en faut; car c'est un cours d'histoire littéraire commençant à la Bible et finissant à Hugo. Il y a de tout dans ces pages hérissées d'images parfois superbes, où s'entrechoquent les pensées les plus contraires. L'orgueil y coudoie la modestie, et le bon sens lui-même — qui le croirait? — s'y niche dans son coin, à côté d'absurdités colossales. Le génie seul peut se permettre de pareilles sottises : on ne les pardonnerait pas au simple talent.

Voulez-vous de la modestie? Victor Hugo déclare qu' « il n'a ni le *talent* de créer, ni la *prétention* d'établir des systèmes ». C'est un Beaumarchais moins gai ; mais gardez-vous d'en croire un mot, bien entendu : quand Hugo est modeste, il n'est jamais sincère. Il ne vise qu'à créer après Dieu, — « avec Dieu » serait plus exact. — Quant aux systèmes, il compte bien fonder le sien sur la ruine de tous les autres.

Du bon sens? J'en trouve dans ce qu'il dit du « style de Molière ». Il y a là quelques lignes qui en font pardonner beaucoup d'autres.

« Il est temps, dit-il, de faire justice des critiques entassées par le mauvais goût du dernier siècle (?) sur ce *style admirable*, et de dire hautement que Molière occupe la sommité de notre drame, non seulement comme poète, mais encore comme écrivain. *Palmas verè habet iste duas.* »

On voudrait peut-être s'en tenir là. Mais Victor Hugo poursuit :

« Chez lui, le vers embrasse l'idée, s'y incorpore, la resserre et la développe tout à la fois, lui prête une figure plus svelte, plus stricte, plus complète, et nous la donne en quelque sorte en élixir. Le vers est la forme optique de la pensée. Voilà pourquoi il convient surtout à la perspective scénique. Fait d'une certaine façon, il communique son relief à des choses qui, sans lui, passeraient insignifiantes et vulgaires. Il rend plus solide et plus fin le tissu du style. C'est le nœud qui arrête le fil. C'est la ceinture qui soutient le vêtement et lui donne tous ses plis. Que pourraient donc perdre à entrer dans le vers la nature et le vrai ? Nous le demandons à nos prosaïstes eux-mêmes, que perdent-ils à la poésie de Molière ? Le vin, qu'on nous permette une trivialité de plus, cesse-t-il d'être du vin pour être en bouteille ? »

Avez-vous bien compris? Non ; moi non plus. Je crois saisir une seule chose ici, et c'est assez ; Victor Hugo, si je traduis bien l'idée qui se cache sous son étrange pathos, a saisi que le mérite du style de Molière, « ce style admirable », consiste dans la force et le relief qu'il donne toujours à l'idée et à l'effet dramatiques. Les incorrections même s'y excusent par le besoin de donner plus de portée à la pensée. C'est le style du théâtre dans toute sa plénitude : aussi, est-ce une chose à remarquer, tous ceux qui ont méconnu les droits de Molière au titre de grand écrivain, — Fénelon, La Bruyère, autrefois ; de nos jours, Théophile Gautier, sont-ils précisément des hommes à qui l'art du théâtre est resté étranger[1]. Il faut savoir gré à Hugo, homme de théâtre, d'avoir rendu justice au maître de la scène comique. D'ailleurs, à part cet instinct dramatique qu'on ne peut lui dénier, et qui se signale par de vraies trouvailles scéniques, comme le terrible dénouement du *Roi s'amuse*, on ne voit pas quel point commun l'auteur d'*Hernani* pouvait avoir avec celui du *Malade imaginaire*.

Dans cette préface, Victor Hugo dit, comme

1. Théophile Gautier, tout critique dramatique qu'il était, eut toujours l'horreur du théâtre : il ne s'en cachait guère.

les autres, son mot sur « les Règles »; mais ne comptez pas qu'il nous aide beaucoup à élucider la question délicate par excellence :

« Mettons, dit-il, le marteau dans les théories, les poétiques et les systèmes. Jetons bas ce vieux plâtrage qui masque la façade de l'art ! Il n'y a ni règles ni modèles; ou plutôt il n'y a d'autres règles que les lois générales de la nature, qui planent sur l'art tout entier, et les lois spéciales qui, pour chaque composition, résultent des conditions propres à chaque sujet. Les unes sont éternelles, intérieures, et restent; les autres variables, extérieures, et ne servent qu'une fois. Les premières sont la charpente qui soutient la maison; les secondes l'échafaudage qui sert à la bâtir et qu'on refait à chaque édifice. Celles-ci enfin sont l'ossement, celles-là le vêtement du drame. Du reste, ces règles ne s'écrivent pas dans les poétiques. Richelet ne s'en doute pas. Le génie, qui devine plutôt qu'il n'apprend, extrait, pour chaque ouvrage, les premières de l'ordre général des choses, les secondes de l'ensemble isolé du sujet qu'il traite; non pas à la façon du chimiste qui allume son fourneau, souffle son feu, analyse et détruit; mais à la manière de l'abeille, qui vole sur ses ailes d'or, se pose sur chaque fleur, et en tire son miel, sans que le calice perde rien de son éclat, la corolle rien de son parfum. »

Vous voyez que, si nous n'avions que Victor Hugo pour nous guider dans nos recherches de principes, nous n'en sortirions jamais. Il commence par nier qu'il y ait des règles ; puis, il en reconnaît de générales et de spéciales. Les spéciales, il serait difficile de les définir et de les énumérer, puisque, à les comprendre comme lui, il y en a autant qu'il y a d'idées propres à chaque sujet mis en œuvre par l'auteur dramatique. Quant aux générales, on pourrait les poser, ce me semble, et c'est ce que les grands théoriciens du théâtre ont tenté de faire ; mais n'attendez rien de Hugo : il les signale, et passe à autre chose.

Je ne voudrais cependant pas quitter la préface célèbre de *Cromwell* sans avoir essayé d'en extraire le fil d'Ariane, et de découvrir la pensée dominante. Cette pensée c'est le droit au *laid*, qui, selon le poète, a sa place dans la nature à côté du *beau*, et doit, à ce titre, avoir aussi sa place en art. Mais le laid physique n'est qu'une question de mise en scène; plus ou moins agréable. Ce qui intéresse vraiment l'art du théâtre, c'est le laid moral, le vice, le crime. Hugo lui-même l'a bien compris :

« Dans ce partage de l'humanité et de la création, c'est à lui[1] que reviendront les passions, les vices, les crimes; c'est lui qui sera luxurieux, rampant, gourmand, avare, perfide, brouillon, hypocrite; c'est lui qui sera tour à tour Iago, Tartuffe, Basile, Polonius, Harpagon, Bartholo, Falstaff, Scapin, Figaro. Le beau n'a qu'un type; le laid en a mille. »

Alors, où est donc la révolution soi-disant contenue dans cette préface? Des monstres se sont vus dans le théâtre classique, aussi terribles et sérieux que Victor Hugo peut les supposer. Qu'est-ce que le Néron de *Britannicus*, la Cléopâtre de *Rodogune*? Je pourrais y ajouter Tartuffe, mais le *Tartuffe* est une comédie; et, autrefois, la comédie n'admettait pas les figures tragiques, ce qui a fait penser que Molière est l'auteur du premier drame connu. Quant au droit de tout porter à la scène, Beaumarchais, disciple de Diderot, et les novateurs de la fin du XVIII° siècle, l'avaient revendiqué bien avant *Cromwell*. Où donc est l'idée nouvelle émise ici par Hugo? Il faut bien renoncer à la trouver.

S'il fallait, cependant, prendre à la lettre ce

---

1. Il s'agit du « grotesque », opposé au « sublime ».

que disent, par moments, les préfaces de Victor Hugo, elles seraient très riches en observations théoriques, et, comme on dit aujourd'hui, très suggestives d'idées. Nous lisons, par exemple, dans celle de *Ruy Blas* : « L'auteur définit ici, qu'on ne s'y méprenne pas, non ce qu'il a fait, mais ce qu'il a voulu faire. » La voilà, justement, la voilà bien, par définition, la préface telle que nous la cherchons, nous livrant, en regard de l'œuvre d'art créée, la pensée créatrice. Mais ne vous y fiez pas ! Quand une idée juste passe par la tête du poète, ce n'est qu'un éclair qui brille et disparaît. Avec Victor Hugo, il faut s'en tenir à « ce qu'il a fait » ; car, malgré des défaillances, cela est beau. Mais « ce qu'il a voulu faire » est incompréhensible. Voilà pourquoi il faut lire et relire ses drames et glisser promptement sur les explications qu'il en donne.

Dans ces documents théoriques, il entasse Pélion sur Ossa, et contradictions sur contradictions. Quant à des conclusions, il en annonce souvent, mais il n'en produit jamais aucune. Dans la préface d'*Hernani*, il proclame la nécessité d'un affranchissement pour l'art, nous faisant comprendre que le romantisme est à la littérature ce que le libéralisme est à la poli-

tique. Voilà qui est bien. Il dit, par exemple :
« Cette voix haute et puissante du peuple, qui
ressemble à celle de Dieu, veut désormais que
la poésie ait la même devise que la politique :
tolérance et liberté ! »

C'est parfait ; mais passons à l'application.

« Cette liberté, le public la veut *telle qu'elle
doit être*, se conciliant avec l'ordre dans l'État,
avec l'art dans la littérature. La liberté a une
sagesse qui lui est propre, et sans laquelle elle
n'est pas complète. Que les vieilles règles de
d'Aubigné[1] meurent avec les vieilles coutumes de Cujas, cela est bien ; qu'à une littérature de cour succède une littérature de peuple,
cela est mieux encore ; mais surtout qu'une
raison intérieure se rencontre au fond de toutes
ces nouveautés. Que le principe de liberté fasse
son affaire ; mais qu'il la fasse bien. Dans les
lettres, comme dans la société, point d'étiquette,
point d'anarchie : *des lois*. Ni talons rouges, ni
bonnets rouges. »

En vérité, je vous le dis, ce sont là des mots,
des mots, et rien que des mots. « Des lois »,
dit Hugo, qui semble, au bout de sa période,
plus autoritaire qu'il n'était libéral au début.

1. Hugo confond ici d'Aubigné avec d'Aubignac, le commentateur d'Aristote.

Mais quelles lois? Et ce « principe de liberté », quel est-il? Comment doit-il agir? Oh! c'est bien simple, le poète vous le dit : « Que le principe de liberté fasse son affaire; mais qu'il la fasse bien ! » Ce trait me rappelle un joueur, à des jeux d'adresse, que j'entendais, dans l'intérêt commun, à un moment critique, donner à son partenaire, ce conseil : « Joue bien, joue très bien ! » Quand on n'a pas d'autres indications à formuler, ne vaut-il pas mieux se taire? La vérité est que Hugo, poète tout instinctif, n'a aucune idée générale et théorique. Dans ses préfaces, il se grise de mots, comme : « Ni talons rouges, ni bonnets rouges » ; la pensée vient après, et comme surcroît, si elle peut.

Quand Beaumarchais, du moins, réclamait les libertés qu'il jugeait nécessaires, il savait ce qu'il voulait et n'était pas embarrassé pour nous le faire entendre. C'est que l'auteur du *Barbier de Séville* était un vrai fils des Gaules, à l'esprit net et précis, tandis que Hugo, le nuageux Hugo, est, au contraire, l'un des écrivains qui ont le plus fait pour ruiner cet esprit français, si compromis aujourd'hui. Il se souvient trop d'être né dans une « vieille ville espagnole. »

Continuons à chercher, cependant, si les préfaces du poète contiennent encore quelques indications précieuses sur ses doctrines littéraires. Hélas, non! Tout au plus, avant d'en finir avec ces notices préliminaires, y trouverons-nous quelques traits curieux qui nous montreront bien l'homme, et, avec l'homme, le poëte dramatique. Quant à la vraie préface de théâtre, la seule intéressante à nos yeux, celle où l'écrivain combat pour ses idées, répond aux objections des critiques, et confond les détracteurs, il est résolu à ne pas l'écrire; et ce parti-pris naît chez lui... vous ne devineriez jamais de quel sentiment,... de la modestie! — Oui, *de la modestie!*

« Corneille et Molière, dit le poëte dans la préface de *Lucrèce Borgia*, avaient pour habitude de répondre en détail aux critiques que leurs ouvrages suscitaient [1], et ce n'est pas chose peu curieuse que de voir ces géants du théâtre se débattre, dans des avant-propos et avis aux lecteurs, sous l'inextricable réseau d'objections que la critique contemporaine ourdissait sans relâche autour d'eux. *L'auteur de ce drame ne se croit pas digne de suivre d'aussi grands exemples.* Il se taira, lui, devant la cri-

---

[1]. Vraie en ce qui concerne Corneille, nous savons que l'assertion ne l'est guère à l'égard de Molière. La préface de *Tartuffe* est une exception.

tique. *Ce qui sied à des hommes pleins d'autorité, comme Molière et Corneille, ne sied pas à d'autres.* »

Vous me pardonnerez le mot et sa familiarité; mais quand je lis de pareilles choses sous la plume de Victor Hugo, je suis tenté de m'écrier : « Qu'est-ce qu'il lui prend? » Je me remets, alors, en me rappelant que ses avant-propos sont un tissu de contrastes et de contradictions, et qu'à ce titre, le bon sens et la modestie ont bien le droit d'y tenir leur place. L'orgueil n'est pas long à prendre sa revanche. Voyez plutôt (préface de *Marion de Lorme*) :

« Époque trop avancée! Pas de génie primitif possible? — Laissez-les parler, jeune homme! Si quelqu'un vous eût dit, à la fin du xviiie siècle, après le Régent, après Voltaire, après Beaumarchais, après Louis XV, après Cagliostro, après Marat (?), que les Charlemagne, les Charlemagne grandioses, poétiques et presque fabuleux, étaient encore possibles, tous les sceptiques d'alors, c'est-à-dire la société tout entière, eussent haussé les épaules et ri. Eh! bien, au commencement du xixe siècle, on a vu l'empire et l'empereur. Pourquoi maintenant ne viendrait-il pas un poète qui serait à Shakespeare ce que Napoléon est à Charlemagne? »

Ce Molière, que Victor Hugo veut bien assurer de son estime, aurait beau jeu à dire ici :

> Je vois votre scrupule, et que, par modestie,
> Vous ne vous osez pas mettre de la partie.

Evidemment, ce poète, c'est bien lui. Et quel serait celui que Victor Hugo pourrait préférer à Victor Hugo ? Mais alors je reprends mon étonnement. Se peut-il que ce poète, qui est à Shakespeare ce que Napoléon est à Charlemagne, soit assez modeste pour ne pas se croire *digne* de répondre à la critique (le mot y est); qu'il ne se sente pas assez d'*autorité* (le mot est de lui encore) pour se justifier et se défendre ? Cet abîme de contradictions me confond. Et, d'ailleurs, le plus modeste des écrivains n'a-t-il pas le droit d'expliquer ses intentions, si elles ont été incomprises ? Ne pourrait-on dire à ce Hugo, qui se fait si petit, ce qu'un spirituel président de cour d'assises de Rouen dit à Dumas père, un jour. Interrogé sur sa profession, celui-ci avait répondu : « Je dirais : auteur dramatique, si je n'étais dans la patrie de Corneille. » — « Dites toujours, Monsieur Dumas, répliqua le Normand avec bienveillance ; il y a des degrés. » Donc, à Hugo, modeste devant les « géants » Molière et Corneille, on dirait volontiers :

« Défendez-vous toujours, il y en a pour toutes les tailles. » A plus forte raison, que penser de ce continuateur de Shakespeare qui s'incline sous la férule des censeurs, sans se croire *digne* d'élever la voix?

Au fond, je crois que cette modestie cache un profond dédain. A l'inverse des « géants » du xvii° siècle, Hugo ne *sent* pas la critique. Il s'est bardé de fer contre elle comme un Burgrave; et les traits qu'elle lui lance glissent sur son armure d'indifférence, sans pouvoir l'entamer. En son âme et conscience, il s'estime au-dessus de la critique : et — lisez bien, entre les lignes, sa déclaration de modestie, — il trouve Molière et Corneille bien bons enfants, (j'avais au bout de ma plume : bien bêtes; c'est le mot, mais je n'ose l'écrire) bien bons enfants, dis-je, de daigner disputer leur œuvre, pied à pied, aux folliculaires du xvii° siècle. Voilà la vraie raison pour laquelle il n'entend pas les imiter. La beauté de ses œuvres est un dogme intangible : ce dogme, on peut le rejeter, — des hérétiques, des malandrins! — mais *on ne le discute pas.*

C'est ce qui fait, sans aller chercher plus loin, que Victor Hugo n'a pas une seule préface intéressante, du moins dans son ensemble et dans l'ordre d'idées qui nous préoccupe. Laissons les admirateurs systématiques de la *préface de Cromwell* se pâmer devant ces pages, qu'en leur âme et conscience ils ne comprennent pas plus que nous; laissons même un ministre de l'Instruction publique — cela s'est vu, il y a quelques années, — inscrire aux livres classiques ce tissu d'incohérences, et fausser ainsi, troubler, tout au moins, les jeunes esprits qu'il a mission d'élever et de former. Il n'y a pas là un atome de doctrine, pas même une ombre de justification pour les belles œuvres du poète, qui se justifient toutes seules par leur inspiration, mais qu'un fanatisme maladroit pourrait seul offrir comme *modèles* à des esprits novices.

J'ai dû, cependant, m'arrêter devant ces préfaces qui eurent leur heure de retentissement, et que, d'ailleurs, le grand nom du poète ne m'eût pas permis de passer sous silence. L'intention seule les rattache aux documents que nous avons déjà rencontrés. Toute préface, toute notice de ce genre, fût-elle de Hugo, est, plus ou moins, un plaidoyer *pro domo med*. Mais ces plaidoyers, chez Hugo, s'inspirent des discours ridicules que prononçaient, au Palais, les avocats du moyen-âge, et dont Racine a fait spirituellement la parodie dans ses *Plaideurs*, ces discours où les orateurs remontent jusque avant la naissance du monde à propos du vol d'un chapon. Et puisque, aussi bien, cela ne nous dit rien de « la cause », il me paraît bien inutile de nous en occuper davantage. Disons-nous donc comme Dante, l'un des « géants » chers à Hugo : « Regarde, et passe ! »

De Hugo à Dumas, il y a un monde. Ceux qui, comme moi, ont vu Alexandre Dumas père en ses dernières années, ont tous été frappés de l'allure optimiste du fécond écrivain, à qui il ne manquait alors qu'une chose : l'art de savoir vieillir. Pour ceux-là, *Antony* reste un problème, et ne peut s'expliquer que par la facilité de Dumas à s'assimiler tous les genres régnants. Ce gros homme, si vivant et si bon vivant, a endossé la mélancolie, comme tout le monde, avec la redingote de 1830 ; mais combien, malgré l'aisance apparente, elle a dû le gêner aux entournures ! Mélancolique, pessimiste, désespéré, voilà des épithètes qui cadrent bien mal avec la figure de celui qui a créé d'Artagnan, et qui s'incarne encore mieux dans Porthos !

Et cependant, s'il y a tant de différence entre lui et Hugo, qui fut, dès la vingtième année, le poète solennel et pontifiant que nous avons toujours connu, un point commun les rassemble : l'orgueil. Peut-être est-il aussi grand chez l'un que chez l'autre; mais, chez Dumas, il affecte plus de bonhomie. Voyez-les tous deux parler à Dieu : Victor Hugo, le demi-espagnol, le traitera de puissance à puissance, et Alexandre Dumas, de camarade à camarade. Ce mélange, chez celui-ci, de quelque bonhomie à l'orgueil, vient de ce qu'il n'est pas dépourvu d'esprit, tandis que le premier n'en eut jamais un atome. Dumas, qui a un si vif sentiment du ridicule chez les autres, l'évite autant qu'il peut lui-même, avec un instinct que sa vanité gasconne n'étouffe pas complètement.

Dans ses avertissements et préfaces, quand il en écrit, il n'ira pas, avec autant de solennité que le « maître », toucher du front les étoiles; mais, plus franc en toutes choses, il n'y montrera pas non plus de ces accès de modestie ridicules, que j'ai relevés chez Hugo, et qui ne trompent personne. Au reste, il en a peu laissé ; car ce fécond écrivain trouve à peine le temps d'écrire ses ouvrages : comment lui en resterait-il pour les défendre? Il fait assez, pour ses enfants, en les lançant dans le monde, convaincu d'ailleurs, qu'ils sont de taille à se défendre eux-mêmes. Il faut que ses adversaires, ses ennemis, si vous voulez, aient bien rudement aboyé à ses trousses, pour qu'il prenne la peine de se retourner et de leur montrer les dents; mais alors, *cave canem!* : s'il se fâche pour tout de bon, il a la morsure rude, et emporte le morceau.

Jules Janin en sut un jour quelquechose. Il s'était permis de remarquer que *Les Demoiselles de Saint-Cyr* reproduisaient trop fidèlement, dans leur donnée générale, le *Tout est bien qui finit bien* de Shakespeare. Cette attaque nous valut une préface, lors de la publication des *Demoiselles de Saint-Cyr*, et une préface qui est un trésor de verve spirituelle et méchante, — nous dirions aujourd'hui : de *rosserie*. Dumas avait — je le montrerai plus loin — une réponse bien simple à faire : il trouva plus drôle d'*empoigner*, à son tour, son censeur, qui venait de publier le *Voyage en Italie*, et d'y relever les bévues colossales de l'écrivain, qui avait déjà sur la conscience « le cardinal des mers ». Et, pour qu'on n'en ignore et qu'on puisse vérifier la sincérité des citations, Alexandre Dumas renvoie aux pages du volume avec une précision et une exactitude que chacun est obligé de reconnaître.

Ainsi, Janin raconte bonnement que, en suivant la corniche du Levant, pour aller de Gênes à Lucques, il voyait à sa droite, « passer, en souriant, de charmants villages, des orangers en fleurs, etc. » et, à sa gauche, « la mer, à peine ridée, etc. ». Vous jugez si Dumas s'esbaudit sur la myopie de Jules Janin, qui voit la montagne à sa droite, et la mer à sa gauche, lorsque, de tout temps!... Il faut, fait remarquer l'auteur des *Demoiselles de Saint-Cyr*, que de bien grandes modifications soient survenues en Italie; car, lui aussi, il a suivi ce chemin, et, dans ce temps-là, la Méditerranée était à la droite du voyageur. On aura changé tout cela!

Mieux encore! (car il est permis, à la rigueur, de confondre la droite et la gauche, comme le conscrit légendaire, qui ne marche qu'au commandement de « Paille! » et « Foin! »). Arrivé à Florence, Jules Janin parcourt les Galeries. Il y rencontre une pure merveille : cette *Vision d'Ezéchiel*, toile de chevalet, où Raphaël a mis, avec l'incomparable beauté de ses lignes, la grâce de ce coloris délicat, qui ne surprend pas, mais qui charme. Devinez à qui il l'attribue! Non, je vous le donnerais en mille, que vous ne trouveriez jamais... A Rembrandt! On ne saurait vraiment en croire Alexandre Dumas sur parole ; mais j'ai vérifié, et cela est exact, aussi exact qu'invraisemblable !

La réplique est peut-être de bonne guerre ; mais cette préface, trop piquante pour être omise, ne nous apprend rien sur le théâtre. Pour le reproche de plagiat, qui semble avoir si fort indigné Alexandre Dumas, j'ai dit qu'il était simple d'y répondre ; et l'omission de cette réplique nécessaire pourrait faire taxer d'ignorance et Janin et Dumas. On n'a peut-être pas assez remarqué que Shakespeare, ce poète à l'imagination si riche, n'a pas un seul sujet qui lui soit propre. Ce puissant inventeur a toujours besoin de s'appuyer sur l'invention d'un autre. La donnée de *Tout est bien qui finit bien* est donc empruntée par lui au fécond Boccace, lequel, d'ailleurs, avait, dans son récit, recueilli une légende française : celle de Gillette de Narbonne. Il était, dès lors, absurde à Janin d'accuser Dumas d'être un plagiaire de Shakespeare ; et Dumas à son tour, au lieu de se fâcher et de se livrer à un *éreintement* de Janin, eût pu lui faire remarquer qu'il n'avait rien emprunté à Shakespeare, mais que le grand Anglais et lui avaient, tout simplement, puisé à la même source.

Ce qu'on peut penser, c'est que Dumas

connaissait mieux son Shakespeare que son Boccace, et Janin aussi.

Les rares préfaces d'Alexandre Dumas père ne nous arrêteront pas longtemps; car, on ne saurait trop le redire, dans cette laborieuse machine à production littéraire que fut Dumas, il n'y a pas place pour le théoricien. S'il y eut jamais un écrivain d'instinct, c'est bien celui-là. Cependant, je trouve, dans un avant-propos de *Madame de Chambly*, désigné : « Un mot sur la pièce et sur les artistes », un renseignement précieux à retenir, sur la façon dont le fécond auteur laissait parfois les sujets se mûrir longtemps dans son esprit avant de les exécuter :

« Le dénouement, tout de fantaisie, nous dit-il, était impossible au théâtre, et je luttais, depuis trois ou quatre ans, devant cette impossibilité, lorsque, dans *un de ces jours bénis où Dieu semble nous envoyer, pour nos créations humaines, un rayon de sa propre lumière*, je vis peu à peu, comme une fleur qui pousse à vue d'œil, sortir le dénouement du sujet même, et compléter à la fois l'ouvrage et l'un des rôles les plus sympathiques de l'ouvrage, celui du préfet de l'Eure, Alfred de Senonches. »

« A partir de ce moment, le drame fut fait, et, comme, depuis deux ou trois ans, mon esprit le retournait sous toutes ses faces, il me suffit de très peu de temps pour l'écrire. »

Ainsi, cet homme, que nous considérons volontiers comme un improvisateur, roulait donc parfois ses sujets dans sa tête, et durant *trois ou quatre ans !* Dumas ne perd rien à nous laisser voir, chez lui, ce souci de conscience artistique. Mais là où nous retrouvons tout à fait notre Gascon de Villers-Cotterets, c'est quand il nous parle de « ces jours bénis où Dieu semble nous envoyer, pour nos créations humaines, un rayon de sa propre lumière. » Certes, Dumas eut bien des collaborateurs, avoués ou secrets : il en eut même, dit-on, tant et tant, qu'il est tel de *ses* ouvrages dont il n'aurait pas écrit une seule ligne. Mais que le bon Dieu lui-même ait bien voulu collaborer avec notre écrivain, et dans *Madame de Chambly*, ce méchant produit du Romantisme, tardivement égaré dans une époque plus moderne et moins phraseuse, voilà une de ces suppositions pittoresques qu'il ne faudrait pas demander à beaucoup d'autres !

La préface de Dumas, c'est la préface moderne par excellence. Plus nous avancerons dans cette étude, plus nous verrons l'auteur se livrer familièrement à nous, et nous ouvrir ses bras, son cœur, son appartement, et jusqu'à son alcôve même. C'est Beaumarchais qui a ouvert le feu. Rendons cette justice aux écrivains qui l'ont précédé, qu'ils ne nous donnaient en pâture que leurs œuvres, réservant dignement leur personne. Mais depuis que l'auteur du *Barbier de Séville* s'est mis à causer familièrement avec son « benoît lecteur », le laisser-aller de ces épanchements intimes n'a plus de bornes. Pour Dumas, dont on se rappelle peut-être certains déshabillés photographiques, livrés malencontreusement au public, à un âge où la dignité de la vie devrait s'imposer plus que jamais, il eut toujours la manie de faire de son lecteur son camarade, et de tenir devant lui tels propos qu'on réserve, d'ordinaire, pour ses familiers et ses intimes. Je dirais volontiers qu'il nous tutoie, si cette expression ne rendait faiblement ma pensée ; car on tutoie la divinité tout en la respectant, et même en l'adorant. Disons le mot trivial, mais juste : il nous tape sur le ventre.

La désinvolture avec laquelle il parle de ses interprètes est aussi tout à fait curieuse ; et la bonhomie qu'il y met est évidemment un calcul destiné à nous flatter. Je m'explique ; il sait que les sots, si nombreux dans le public, sont très fiers d'être admis dans l'intimité des gens « en vue ». Et y a-t-il gens plus « en vue » que les acteurs et les actrices ? Sans cela, s'expliquerait-on la familiarité un peu fantastique dont ses compliments aux artistes (toujours à propos de *Madame de Chambly*) nous offrent le spécimen suivant :

« Schey et madame Desmonts ont été charmants tous deux; ils sont si bien appropriés l'un à l'autre dans la pièce, que je ne veux pas les séparer l'un de l'autre dans les remerciements que je leur adresse et dans les louanges que je leur donne. *Je n'aurais qu'un désir à leur manifester : c'est que le mariage factice qu'ils contractent dans* MADAME DE CHAMBLY *soit un mariage réel et qu'ils aient beaucoup d'enfants qui leur ressemblent.* »

Quel chemin parcouru en un siècle ou deux ! Imaginez-vous un de ces vieux écrivains, pénétrés d'un tel sentiment du *decorum* et d'un si grand respect pour leurs lecteurs, faisant ainsi brèche, même par manière de plaisanterie, dans le mur de la vie privée? Non, n'est-ce pas? C'est ici l'école du « déboutonné », dont Dumas père est le plus audacieux représentant. De ce « déboutonné » nous avons bien vu quelquechose dans Beaumarchais; mais quels progrès depuis les préfaces du *Barbier* et du *Mariage!*

Dumas père a publié d'assez longues notices, « *Simples lettres sur l'art dramatique* », « *Comment je devins auteur dramatique* », où il semblerait, à voir ces seuls intitulés, que l'auteur va nous révéler libéralement les principes sur lesquels son art se fonde. Rien de plus trompeur! A peine y trouve-t-on quelques aperçus sur le théâtre, et, généralement, beaucoup plus de phrases que d'idées.

D'abord, les *Simples lettres sur l'art dramatique* ne portent que sur l'état de l'art en 1844. L'écrivain se demande si, « en l'an de grâce 1844 », le théâtre est mort ou vivant; et comme lui, Dumas, n'a rien produit cette année-là, il est porté à croire qu'il est bien mort. Et pourquoi n'a-t-il rien produit?

« Si les trois poètes qui ont fait *Marion Delorme*, *Chatterton* et *Antony*, se taisent, c'est que tant de dégoûts les ont abreuvés sur le chemin du théâtre, qu'ils ont été contraints, ou de garder le silence, ou de se faire une autre tribune. »

Et la cause de ces dégoûts, c'est le directeur du Théâtre-Français, Buloz, que Dumas juge « ignorant, brutal et inintelligent. »

Au demeurant, ces *Simples lettres* sont simplement un *éreintement* acharné de Buloz. Il ne faut pas leur demander autre chose ; et comme Buloz et le Théâtre de 1844 sont loin, bien loin de nous, on peut juger du peu d'intérêt qu'offre aujourd'hui cette *Philippique*.

Il y a un peu plus d'idées générales, mais bien moins encore qu'on ne croirait, dans l'autre morceau, *Comment je devins auteur dramatique*. J'ai dit combien le mouvement littéraire de 1830 était anti-national. Cet écrit en est la preuve. C'est en écoutant les comédiens anglais de passage à Paris, ceux-là mêmes qui causèrent une si vive impression à Berlioz, qu'Alexandre Dumas eut sa révélation, son coup de foudre de Damas. Tant que notre écrivain n'avait connu d'auteurs dramatiques que Sophocle, Aristophane, Plaute, Lope de Vega, Molière, Corneille, — je ne parle pas de Racine, qu'il tient en un mépris profond, — il ne s'était pas douté que le théâtre fût un art de quelque valeur ; mais les Anglais vinrent ; et alors...

« Je reconnus, dit-il, que dans le monde théâtral, *tout émanait de Shakespeare, comme, dans le monde réel, tout émane du soleil...* Je reconnus enfin que c'était l'homme qui avait le plus créé, après Dieu. »

Je ne relèverai pas ce qu'il y a d'un peu

comique dans l'emphase de cette dernière phrase, qui a l'air de compter Dieu parmi les hommes. Mais cet exclusivisme, qui veut que *tout* émane de Shakespeare, est-il assez absurde, — disons le mot : assez enfantin? Le moyen de prendre au sérieux une critique qui part d'un point de vue si étroit? Ajouterai-je : une critique qui va précisément prendre pour modèle et pour guide un génie tout primesautier, tout indépendant, dont on fausse le caractère par cela même qu'on cherche à l'imiter?

D'ailleurs, dans cette notice, en dehors de cette révélation de Shakespeare, Dumas fait bien plutôt le récit anecdotique de la façon dont il quitta les bureaux du duc d'Orléans, qu'une étude de psychologie littéraire. C'est amusant; mais cela ne nous apprend rien. Je n'en puis noter qu'un passage, très juste, sur ce fonds de connaissances et d'idées communes où chacun puise, le génie compris, si bien que presque aucun homme ne puisse se vanter d'être le trouveur unique d'une seule idée. On pourrait relever ici quelque contradiction avec l'exclusivisme de l'admiration pour Shakespeare, « l'homme qui a le plus créé après Dieu ». Mais Dumas père est, comme Hugo, trop extrême pour n'avoir pas à se contredire souvent.

« Ce sont les hommes, dit-il, et non pas l'homme, qui inventent; chacun arrive à son tour et à son heure, s'empare des choses connues de ses pères, les met en œuvre par des combinaisons nouvelles, puis meurt après avoir ajouté quelques parcelles à la somme des connaissances humaines qu'il lègue à ses fils; une étoile à la voie lactée. *Quant à la création complète d'une chose, je la crois impossible.* Dieu lui-même, lorsqu'il créa l'homme, ne put ou n'osa point l'inventer; il le fit à son image. »

A travers la phraséologie, désagréablement prétentieuse, du Romantisme (Dieu lui-même ne put ou n'osa point inventer!...), voilà cependant une idée juste, et bien juste, de Dumas père. J'ai dit : Dumas. Je sais bien qu'on pourrait, ne fût-ce que pour justifier cette pensée, remonter à Salomon, qui ne voit rien de nouveau sous le soleil; à Pascal, qui affirme que bien des auteurs disent : mon livre, mon commentaire, qui feraient mieux de dire : notre livre, notre commentaire; ou tout simplement à Musset :

Rien n'appartient à rien; tout appartient à tous;
Il faut être ignorant comme un maître d'école
Pour se vanter de dire une seule parole
Que quelqu'un n'ait pas dite ou pensée avant nous!

Mais quoi! Si Salomon, et Pascal, et Musset, ont raison; s'il est vrai qu'une idée neuve, vraiment et complètement neuve, soit chose rare et quasi introuvable, et que le grand art consiste surtout à habiller de vêtements nouveaux des idées anciennes, à apporter sa pierre à une pyramide commencée en des temps préhistoriques; encore faut-il rendre cette justice à Dumas qu'il a trouvé, après Salomon, après Pascal, après Alfred de Musset, une façon originale et juste d'exprimer cette vérité : « Ce sont les hommes qui inventent, et non pas l'homme. » Ceci n'est-il pas prouvé par l'histoire des chemins de fer; et qui pourrait dire sûrement quel en est le véritable inventeur? Et même, la traction par la vapeur, par l'électricité, est-elle une invention, ou simplement le perfectionnement de l'idée, très ingénieuse en somme, du premier homme qui, voulant se transporter plus commodément et plus vite que sur ses pieds, imagina d'atteler un cheval à un chariot? Celui-là eut à inventer la roue; et, la roue seule, élément nécessaire de toute voiture, est peut-être, dans cet ordre d'invention, la plus merveilleuse de toutes.

On pourrait, ce me semble, et sans injustice, appliquer ce raisonnement à toutes les inventions du XIXe siècle, si fécond à cet égard. Certes, le télégramme de Morse et le téléphone d'Edison sont d'admirables choses ; mais leurs auteurs les eussent-ils trouvées, si, de tout temps, les hommes ne s'étaient appliqués à envoyer leur pensée au loin et par les voies les plus rapides ? Le premier inventeur, en l'espèce, est donc tout simplement l'homme, qui, un beau jour, voulant transmettre une nouvelle sans se déplacer, eut l'idée, fort simple, d'y employer un messager. Il y a bien des chances pour que cet homme soit Adam lui-même.

Mais nous sommes loin de Dumas. Je crois avoir tiré de ses notices et préfaces tout ce qu'elles contiennent de doctrines et de pensées générales sur l'art du théâtre. Ne poussons donc pas plus loin ; et arrêtons-nous sur cette pensée exacte et modeste, dont on ne trouverait pas beaucoup d'équivalents dans les écrits du Gascon de Villers-Cotterets.

Tandis que le Romantisme poussait son cri de guerre et agitait, au cours d'un drame moyenâgeux, son tonnerre de fer-blanc, la bourgeoisie, que ce bruit effarouchait, avait son poète, — si l'on peut donner ce nom à Eugène Scribe ; — et celui-ci poursuivait une carrière quasi-triomphale, commencée dès 1811.

Avant même que les Romantiques n'eussent dit leur dernier mot, au cours des années 1834 et 1835, notre auteur était arrivé à une production et une notoriété suffisantes pour publier son *Théâtre complet* en onze volumes. Quoi! Ceci à côté de cela! Cette platitude — il faut bien le dire — à côté de cette emphase! Maintenant que ces choses sont loin, on a peine à les croire.

L'armée des Romantiques contenait des hommes de valeur; et cependant, qu'a-t-elle fondé? Rien, parce que les « armées » ne fondent pas, elles détruisent. Le Romantisme était un outil d'opposition : il ne pouvait *créer*. L'action de Scribe aura été plus durable; c'est là un *fait*, qu'on ne peut nier, à quelque école qu'on appartienne. La chose ne laisse pas que d'étonner d'abord. Qu'un auteur dramatique sans style, sans observation, sans connaissance des caractères et sans la moindre profondeur, sans esprit même et quasi sans gaîté, enfin sans presque rien que de factice, puisse s'imposer au public et devenir un maître de la scène, c'est ce qui semble incroyable, et ce que, pourtant, nous avons vu. Et pour cela qu'a-t-il fallu à Scribe, cet homme dépourvu des hautes qualités de l'art? Il lui a suffi d'être homme de théâtre, d'avoir le sens exact de ce qui peut émouvoir, toucher, tenir attentif un public dramatique.

Scribe, selon Alexandre Dumas fils, a eu tant de connaissance du *métier*, que cela a pu lui tenir lieu d'*art*. Aujourd'hui, une telle réaction s'est produite contre cet écrivain inférieur et contre ce *métier* poussé par lui au plus haut point, qu'il ne semble plus rien rester, ni de l'homme, ni de ses quatre cents ouvrages dramatiques, si l'on excepte le livret de quelques opéras, que le génie de Meyerbeer a rendus immortels. On ne saurait, du moins, effacer le passé; et il faut convenir que, si ce seul don, être un homme de théâtre, a fait régner si longtemps Scribe sur la scène, il est nécessaire d'admettre que ce don, ce *métier*, si dédaigné aujourd'hui, cet art, tourné en ridicule de « la pièce bien faite », tout cela n'était pas, ne pouvait pas être une *quantité négligeable*. Tournez ces choses comme il vous plaira : plus vous rabaisserez Scribe, et plus vous devrez reconnaître que la seule qualité qu'on puisse trouver en lui, pour justifier la longue autorité dont il a joui, ne pouvait être une qualité sans valeur.

La vérité, c'est que la réaction a, comme

toujours, dépassé le but, et que le *métier*, dont la jeune critique aujourd'hui fait fi, est indispensable à connaître, comme il l'a toujours été. Je ne pouvais pas, ayant à nommer Scribe, passer absolument sous silence cette question importante; mais je la traiterai plus à fond avec Alexandre Dumas fils, qui l'a nettement abordée dans une de ses préfaces.

Nous ne nous arrêterons pas longtemps avec l'auteur de *La Camaraderie*, trop exalté autrefois, cela est certain, trop déprécié aujourd'hui, cela peut être. Il ignore les avant-propos. Ce grand fabricant n'a pas le loisir de justifier ses produits : peut-être aussi se sent-il assez maître de son public pour n'avoir pas besoin de les défendre.

Je ne connais qu'une préface de Scribe; et elle précède la plus insignifiante de ses pièces, *Le Combat des Montagnes*, vaudeville donné en 1817. Des montagnes russes venaient de s'établir sur plusieurs points de Paris; et Scribe avait exploité cette *actualité* dans une de ces piécettes que le vent d'hier a apportées et qu'emportera le vent de demain. Pourquoi Scribe a-t-il même accordé au *Combat des Montagnes* l'honneur de faire partie de ses « œuvres complètes »? Pourquoi lui a-t-il accordé le privilège d'une préface? C'est qu'il avait eu l'idée d'y introduire une satire, ni bien méchante ni bien profonde, à l'adresse des commis de magasin qui voulaient jouer les gentilshommes, et qu'il bafouait dans un de ses personnages dénommé « Calicot ». De là, une cabale organisée par ces messieurs, des représentations orageuses, et ce qu'on a alors nommé — Scribe le mentionne avec orgueil — *la guerre des Calicots*. L'événement a paru à notre auteur mériter d'être transmis à la postérité : nous lui en donnons acte. (Je ne note cette préface que par acquit de conscience; car ce qu'elle nous apprend sur l'art dramatique est nul.)

J'imagine — ai-je tort? — que Scribe eût plutôt été avare de ses conseils sur l'art théâtral, et que, s'il avait eu la main pleine de vérités de ce genre, il se fût gardé de l'ouvrir. Je ne pouvais cependant passer sous silence cet écrivain, — je me reprends : le mot est de trop, — cet auteur qui jouit, en son temps, d'une si grande autorité, et qui poussa le métier jusqu'au point d'en inspirer la nausée et le dégoût aux générations qui l'ont suivi. Son tort, à en croire Dumas fils (préface du *Père prodigue*), fut précisément de prendre le métier pour l'art; mais ce métier, il en porta si loin la connaissance, que ce même Dumas arrive à cette conclusion : *L'auteur dramatique qui connaîtrait l'homme comme Balzac et le théâtre comme Scribe serait le plus grand auteur dramatique qui aurait jamais existé.*

Je puis arrêter sur ce mot ce que j'avais à dire de Scribe. Lui refuser toute place dans l'histoire du théâtre serait absurde ; ne lui reconnaître qu'une influence funeste ne le serait guère moins. Mais c'est lui faire assez d'honneur que de trouver en lui, avec Dumas fils, une partie — fût-ce la moindre — de ce qui eût pu constituer « le plus grand auteur dramatique du monde ».

II

L'eau passe sous les ponts tandis que nous discourons ainsi ; et nous voici arrivés à la seconde moitié du xıx° siècle. Je vais avoir à parler des hommes que nous avons connus et qui ont vécu de notre vie : les Dumas fils, les Émile Augier, les Musset, les Labiche, les Octave Feuillet, les Pailleron ; sans compter Victorien Sardou, qui vivait hier, et ceux qui se sont produits à la fin du xıx° siècle, et que, parfois, quel que soit leur âge, on est tenté d'appeler « les jeunes ».

J'ai nommé : Musset ; et plusieurs entre mes lecteurs vont penser sans doute que j'aurais dû le faire plus tôt et attribuer cet écrivain à la première moitié du xıx° siècle. Il est certain que les premières œuvres de Musset datent de l'époque du Romantisme, et qu'il appartient tout à fait, comme poète, à la première partie du siècle. Mais il s'agit de Musset auteur dramatique. Celui-là est véritablement plus près de nous ; car, à l'exception de *La Nuit Vénitienne*, jouée en 1830, il faut venir jusqu'à la Révolution de 1848 pour voir ses œuvres aborder la scène. Quant aux préfaces, elles les ignorent, et il est regrettable de ne pas trouver, dans quelques-unes de ces pages annexes, les idées dramatiques de cet esprit si haut et — littérairement — si sain.

Mais, puisque nous chercherions vainement les idées générales de Musset sur le théâtre en tête de ses œuvres, il est permis d'en trouver les éléments dans les exquises digressions et les fines écoles buissonnières dont il a rempli et même formé la plupart de ses œuvres. L'auteur de la *Ballade à la lune* est un classique dans la meilleure acception du mot. Son homme est l'écrivain qui, chez nous, réunit toutes les écoles et concilie tous les suffrages : c'est Molière. Et, chose assez curieuse et bien à l'honneur de Musset, ce qui lui plaît, chez Molière, à lui poète élégant et teinté d'aristocratie, c'est que le grand comique aime les simples et les laisse venir à lui comme faisait le Christ aux enfants. Se souvient-on de ses vers à Laforêt ?

Ah ! pauvre Laforêt qui ne savais pas lire,
Quels vigoureux soufflets ton nom seul a donnés
Au peuple travailleur des discuteurs damnés !
Molière t'écoutait quand il venait d'écrire.
Quel mépris des humains dans le simple et gros rire
Dont tu lui baptisais ses hardis nouveau-nés !

Il ne te lisait pas, dit-on, les vers d'Alceste :
Si je les avais faits je te les aurais lus.
L'esprit et les bons mots auraient été perdus ;
Mais les meilleurs accords de l'instrument céleste
Seraient allés au cœur comme ils en sont venus.
J'aurais dit aux bavards du siècle : « A vous le reste ! »

Que Molière, au gré de Musset, ne soit pas assez confiant dans le jugement du « peuple », cela peut nous surprendre un peu ; et cela n'empêche pas, d'ailleurs, que celui qui « fit les vers d'Alceste » ne reste le modèle idéal pour celui qui *fit les vers de Namouna*. La meilleure profession de foi, à ce sujet, est dans *La Soirée perdue*, ce joli poème qui nous montre Musset tout entier et nous livré, avec une franchise irrécusable, toutes ses aspirations. Le poète y revient au maître comique, et spécialement au *Misanthrope* ; et il nous fait connaître ses idées sur le théâtre en tournant en ridicule les drames de son temps.

...Nous savons de reste
Que ce grand maladroit qui fit un jour Alceste,
Ignora le bel art de chatouiller l'esprit
Et de servir à point un dénoûment bien cuit.
Grâce à Dieu, nos auteurs ont changé de méthode,
Et nous aimons bien mieux quelque drame à la mode,
Où l'intrigue, enlacée et roulée en feston,
Tourne comme un rébus autour d'un mirliton.

A toi, Scribe ! — Ainsi, déjà, sous prétexte de revenir aux maîtres, déjà Musset commençait la campagne funeste, en un sens, contre la « pièce bien faite ! » Puis, emporté par une idée plus juste, il se montait d'un ton et reprochait, non sans raison, aux auteurs de son temps, de reculer lâchement devant les vérités hardies mais nécessaires, devant la franche satire :

... A quoi comparer cette scène embourbée
Et l'effroyable honte où la Muse est tombée ?
La lâcheté nous bride, et les sots vont disant
Que sous ce vieux soleil tout est fait à présent ;
Comme si les travers de la famille humaine
Ne rajeunissaient pas chaque an, chaque semaine.
Notre siècle a ses mœurs, partant sa vérité ;
Celui qui l'ose dire est toujours écouté.
Ah ! j'oserais parler, si je croyais bien dire.
J'oserais ramasser le fouet de la satire,
Et l'habiller de noir, cet homme aux rubans verts,
Qui se fâchait jadis pour quelques mauvais vers.
S'il rentrait aujourd'hui dans Paris, la grand'ville,
Il y trouverait mieux, pour émouvoir sa bile,

Qu'une méchante femme et qu'un méchant sonnet ;
Nous avons autre chose à mettre au cabinet.
O notre maître à tous ! si ta tombe est fermée,
Laisse-moi, dans ta cendre, un instant ranimée,
Trouver une étincelle, et je vais t'imiter !
J'en aurai fait assez si je puis le tenter !
Apprends-moi de quel ton, dans ta bouche hardie,
Parlait la vérité, ta seule passion,
Et pour me faire entendre, à défaut de génie,
J'en aurai le courage et l'indignation !

La citation est longue, et le passage connu. Je n'en ai pourtant pas voulu retrancher, parce que les tendances littéraires de Musset auteur dramatique y sont très curieusement accusées, et que cette étude rentre directement dans mes vues, de chercher, à côté de ce que les écrivains ont fait, ce qu'ils auraient voulu faire. Les aspirations d'Alfred de Musset tendaient donc à un retour vers les grands classiques ? Ne se trompait-il pas en ce qui le concerne ? Aurait-il *ramassé* utilement ce *fouet de la satire* qu'il lui était pénible de voir *traîner* à terre ? N'aurait-il pas perdu, à cette épreuve, l'originalité charmante, qui en fait, en dépit de quelques velléités exotiques, le plus séduisant et le plus français, assurément, des trois grands poètes du XIXe siècle ? Il restera à l'honneur d'Alfred de Musset d'avoir rêvé d'être le continuateur de Molière ; mais mieux vaut pour nous, je le crois, qu'il soit resté lui-même.

Mon verre n'est pas grand, mais je bois dans mon verre.

C'est lui qui l'a dit ; et quoi qu'il en dise dans sa modestie *obligée*, son verre est assez grand pour que cet Horace français soit assuré d'y boire toujours.

On peut, je crois, affirmer sans conteste que les deux maîtres du théâtre, dans la seconde moitié du xıx⁰ siècle, sont Emile Augier et Alexandre Dumas fils. Rapprochés par plus d'un point, et hommes de leur temps tous les deux, ces écrivains diffèrent beaucoup par la manière de présenter leurs œuvres. Emile Augier, le plus classique des deux, a cela de commun avec les classiques du passé, qu'il se met peu en frais de préfaces ou de discours pour justifier ses pièces et en faire connaître la genèse. S'il aborde une thèse, c'est pour la mêler vivement à l'action, en laissant bien à chacun de ses personnages son caractère propre, son intérêt passionnel dans la discussion, et c'est sans se substituer à aucun d'eux, ni se mettre, comme tant d'autres, à *conférencier* à leur place [1]. A cela, pour le dire en passant, se

---

[1]. Voir la discussion sur la Révolution dans *Les Effrontés*.

reconnaît l'homme véritablement né auteur dramatique, qui s'oublie lui-même pour faire vivre les enfants de son cerveau. Mais, cela fait, Augier a si bien dit, ou mieux, fait dire ce qu'il veut donner à entendre au public, que les commentaires, les explications accessoires lui semblent inutiles.

Aussi ne peut-on citer de lui que deux préfaces, et une seule qui compte. Je ne veux pas désigner par ce mot celle des *Effrontés* qui ne comporte que quelques lignes, où l'écrivain, sans entrer dans les détails de son œuvre, justifie seulement sa pensée-maîtresse, en déclarant que le véritable titre de sa pièce, eût été, s'il l'avait osé prendre : *les Cléricaux*. L'auteur a reculé devant ce nom, un peu par souci grammatical (le mot était alors trop nouveau), et beaucoup par crainte d'aller au-devant d'un scandale avec un titre de nature aussi provocante. Mais préoccupation grammaticale ou sociale, tout cela ne nous apprend rien sur la question dramatique.

La seule préface intéressante à cet égard, est, dans l'œuvre d'Émile Augier, celle des *Lionnes pauvres*. Ce drame remarquable, dans lequel l'écrivain avait pour collaborateur Édouard Foussier, avait été retenu quelque temps par le

« Bureau d'examen », et Augier y aborde la double question de la Censure et de la morale au théâtre. Deux matières primordiales et intéressant vivement l'art dramatique.

La Censure ! On tombe de son haut, quand on relit aujourd'hui *Les Lionnes pauvres*, et qu'on songe que les gardiens de la morale théâtrale ont alors pensé à les interdire ! Et cela, non seulement parce que, depuis, *nous en avons vu bien d'autres*, et qu'il n'est sortes d'ordures — passez-moi ce mot — qui ne s'étalent à présent sur la scène ; mais surtout, au contraire, parce qu'il existe peu d'œuvres d'une moralité plus haute et plus saine que *Les Lionnes pauvres*. Le sujet en est hardi et scabreux ? Soit ! Mais qu'importe si le fouet de la satire, dont Musset avait rêvé de s'armer, y cingle le vice avec l'indignation juvénalienne ! L'honnêteté n'est pas réservée à Berquin ; et le théâtre n'est pas fait pour les « petites demoiselles ».

Je reviens à la préface d'Augier. Elle ne contient que quelques mots sur la Censure ; mais dans ces quelques mots nous trouvons les idées les plus justes et les meilleurs aperçus. Sans s'arrêter à la question personnelle, Augier s'élève jusqu'aux principes, et observe les choses d'une vue large et sûre. La Censure tombe trop souvent dans l'erreur de ces magistrats du parquet qui se croient engagés à obtenir le plus de condamnations possible, comme si leur devoir n'était pas aussi bien de reconnaître et protéger l'accusé innocent que de poursuivre le coupable. C'est ce que la préface des *Lionnes pauvres* établit avec autorité.

« La Censure, y est-il dit, manquerait autant à son devoir en désarmant la Comédie qu'en souffrant qu'elle tournât ses armes contre la société ! Cependant, de ces deux écueils le dernier est le seul qui la préoccupe. »

Et Augier, sincère et convaincu, dont les tendances morales sont parfois discutables, mais dont le bon vouloir me semble au-dessus de toute discussion, Augier s'étonne avec raison que ceux qui s'arment le plus de sévérité contre la Comédie, soient généralement ceux-là qui montrent le moins de confiance dans l'efficacité d'une satire saine et salutaire : On lui concède pleinement la puissance de faire le mal ; on lui refuse celle de faire le bien. »

La remarque est fondée ; et est-il rien de plus absurde ? Ou la Comédie est vaine, inefficace, c'est un bruit qui se perd dans l'air sans rien laisser après lui ; ou le mal qu'elle fait souvent doit être compensé par le bien qu'elle peut faire.

C'est une arme à deux tranchants, soit; mais c'est une arme. Pareille à la « langue » d'Ésope, elle est, comme tout autre mode d'émettre des idées, la meilleure ou la pire des choses. Ce n'est même pas assez de la comparer à la « langue » d'Ésope : elle est la langue d'Ésope elle-même. N'est-ce pas l'évidence même?

« Vous dites, poursuit Augier, que le théâtre n'a jamais corrigé personne : je le veux bien; mais la même objection pourrait s'opposer aux livres de morale et à l'éloquence de la chaire.

« D'ailleurs, le but n'est pas de corriger quelqu'un, c'est de corriger tout le monde : le vice individuel n'est pas possible à supprimer; mais on peut supprimer la contagion; et de tous les engins de la pensée humaine, le théâtre est le plus puissant, voilà tout. »

On ne saurait mieux dire. Que le spectacle odieux du vice corrige le vicieux, cela n'est pas théoriquement impossible, quoique improbable. Mais que ce même spectacle détourne, par la réflexion, celui qui n'est pas engagé dans le vice, de s'y laisser tomber, c'est chose parfaitement admissible; et que demander de plus, soit à la comédie, soit au sermon? Tout ce qui donne à réfléchir aux hommes peut avoir sur les esprits et sur les âmes une action efficace : le nier serait aussi absurde que nier le soleil en plein midi.

Il n'est donc pas interdit au théâtre de *moraliser*. Mais comment, à quel titre, dans quelles conditions pourra-t-il le faire ? C'est là une question depuis longtemps débattue, et sur laquelle la préface des *Lionnes pauvres* donne aussi son mot, et, à mon sens, très justement encore. Qu'on en juge :

« La morale au théâtre consiste-t-elle, comme le soutiennent quelques personnes, dans la récompense de la vertu ou la punition du vice, ou seulement dans l'impression qu'emporte le spectateur ? Je laisse sur ce chapitre la parole au grand Corneille :

« L'utilité du poëme dramatique se rencontre en la naïve peinture des vices et des vertus, qui ne manque jamais à faire son effet quand elle est bien achevée et que les traits y sont si reconnaissables qu'on ne peut les confondre l'un dans l'autre, ni prendre le vice pour la vertu. Celle-ci se fait toujours aimer, quoique malheureuse, et celui-ci se fait toujours haïr, quoique triomphant. Les anciens se sont souvent contentés de cette peinture, sans se mettre en peine de faire récompenser les bonnes actions et punir les mauvaises. »

Je ne m'arrête pas sur cette remarque de Corneille, si belle qu'elle soit; car je l'ai déjà relevée moi-même, quand j'ai eu à parler du poète, qui sut raisonner si juste sur l'art qu'il pratiquait avec tant de génie.

Je l'ai dit, quand nous sortons du théâtre avec un peu plus d'amour pour le bien, et un peu plus de haine pour le mal, il n'y a pas à chercher d'autre *criterium* : l'œuvre est *morale*. Et, si le méchant y triomphe, c'est là un spectacle que la vie nous offre assez souvent, auquel il faut bien nous habituer, et qui, pour le dire en passant, donne aux cœurs altérés de justice une raison de plus pour croire à l'existence d'un autre monde.

Je touche ici aux questions les plus hautes : c'est Émile Augier qui m'y a amené avec la conviction de son accent. Cette conviction de l'écrivain s'affirme encore, non dans les préfaces et avant-propos, mais dans les notes qui suivent quelques-unes de ses pièces.

Dans *Un Beau Mariage*, autre pièce en collaboration avec Edouard Foussier, une scène émouvante nous montre un chimiste tentant une expérience qui met sa vie en danger; et Augier a soin de nous dire dans une note finale :

« Rendons à César ce qui est à César. La découverte de la liquéfaction du gaz carbonique, plus connue des savants que du public, appartient au célèbre Faraday. L'appareil dont nous nous servons au quatrième acte a été inventé par Thilorier, dont il a tué le préparateur Hervey. »

Sentez-vous la conviction et la conscience, à la fois, de l'auteur, qui tient à ce que tout, dans son œuvre soit justifié, et qui aussi veut rendre *quod est Cæsaris, Cæsari*.

Même souci dans *Maître Guérin*, où Desroncerets nous est donné comme un de ces rêveurs, dont les passants rient volontiers, que les hommes pratiques dédaignent et exploitent, mais qui n'en poursuivent pas moins des recherches utiles pour tous, et que d'autres, plus heureux, sauront rendre fécondes demain. Celui-ci a trouvé une méthode pour faciliter aux ignorants l'étude de la lecture ; et Augier nous apprend encore, dans une autre note finale, qu'il a eu en vue « la Statilégie ou méthode Lafforienne, du nom de l'inventeur, M. de Laffore. »

J'en aurais fini avec Émile Augier, qui ne fournit qu'un bien modeste contingent à l'objet de mes études ; mais je ne saurais le quitter sans extraire encore quelques mots de cette préface des *Lionnes pauvres*, qui nous a occupés presque exclusivement. La manière dont il nous y parle de sa collaboration avec Foussier, un écrivain de réelle valeur et trop inconnu, nous montre comment il comprenait ce travail en commun. Avec cette conscience littéraire, que j'ai dû signaler avant tout, notre auteur ne pouvait prendre un collaborateur, qui ne fût pour lui un ami (tel était Édouard Foussier), et avec qui il ne se trouvât en pleine communauté d'idées. C'est ce qu'il exprime d'une façon bien spirituelle, en répondant à un curieux supposé, qui voudrait lui faire dire quelle part revient, à son collaborateur ou à lui, dans l'ouvrage ou telle de ses parties :

« Lequel des deux ? Nous serions bien embarrassés nous-mêmes de répondre, tant notre pièce a été écrite en parfaite cohabitation d'esprit. Pour être sûrs de ne pas nous tromper, nous ferons comme ces époux qui se disent l'un à l'autre : « Ton fils ».

Tout l'homme est là. Évidemment Augier eût pu désigner telle ou telle page écrite de sa main ; mais l'honnête écrivain qu'il apparaît en tout répugnait à trahir le moindre secret de la collaboration ; et cela est un trait de plus à ajouter à cette digne figure d'un auteur, chez qui l'homme est d'autant plus sympathique qu'il est plus sincère et a mis beaucoup de lui-même dans ses œuvres.

En arrivant à Alexandre Dumas fils, je rencontre l'auteur le plus fécond en explications techniques qu'ait connu l'art dramatique du xix⁰ siècle. J'ai déjà eu à le dire, cet écrivain est le vrai fils intellectuel de Beaumarchais : il en est l'héritier et le continuateur, beaucoup plus qu'il n'est un continuateur et un héritier pour Dumas père. C'est, de part et d'autre, même naturel militant, même lièvre de polémique, servis par un esprit éblouissant, incomparable, que l'auteur sème à profusion, parfois même avec excès[1].

C'est cet esprit de polémique, c'est ce besoin de défendre leurs idées et leurs œuvres, qui poussent les deux auteurs à écrire préfaces, postfaces, avertissements, notes de toute sorte, pour justifier les unes et les autres. Mais si, en cela, Dumas fils marche sur les traces de Beau-

---

[1]. « Quand on cède à la peur du mal, on ressent déjà le mal de la peur » (Beaumarchais). — « Miss Capulet ! Descendrait-elle de l'amante de Roméo ? — Par le balcon, peut-être » (Dumas fils). Voilà, entre cent, de ces traits où nos deux auteurs n'ont pas su s'arrêter à temps dans l'art de jouer sur les mots.

marchais, il le dépasse en conviction et en sincérité. L'amour-propre piqué est, chez l'auteur du *Barbier de Séville*, le véritable stimulant : Beaumarchais se retourne contre ceux qui l'attaquent, ou même qui se permettent de le discuter ; mordu, il mord, et nous savons s'il a la dent dure. Chez Alexandre Dumas fils, il y a de l'apôtre. Qu'elles soient plus ou moins paradoxales, ce sont bien ses idées qu'il défend, plus que ses œuvres mêmes. Lisez la préface du *Fils naturel;* et vous verrez que Dumas y est plus préoccupé de la question morale et sociale que de la défense même de sa pièce. Volontiers il vous abandonnerait celle-ci, si vous vouliez adopter ses théories sur celle-là. Il s'insurge souvent contre les idées généralement admises, par un instinct de révolte sociale, qu'il paraît avoir puisé dans l'irrégularité de sa naissance ; mais il est sincère, et si ses convictions peuvent se modifier, elles sont bien à lui..., à l'heure où il les exprime.

C'est cette loyauté primordiale, c'est ce besoin de verser toute sa pensée dans son œuvre, qui donnent tant d'intérêt à ses préfaces : celles-ci deviennent le commentaire, le complément nécessaire de l'ouvrage qu'elles accompagnent. De cette façon, le *lecteur* a la pensée complète de l'auteur dramatique, de préférence au spectateur. C'est ce que l'écrivain exprime à merveille dans une partie de la préface de la *Princesse Georges*, où apparaît cette préoccupation d'absolue franchise, et qui, en vraie déclaration de principes, doit être citée avant toute autre page, comme le phare, qui éclaire un port, en occupe l'entrée.

« Le lecteur, dit Dumas, ne s'étonnera pas si j'ai grand souci de son approbation; si je fais précéder mes œuvres dramatiques, au moment où je les lui livre en dernier ressort, d'une préface où je lui expose tout ce que l'œuvre elle-même ne peut contenir, où je discute avec lui, où je le prépare, où je le contredis dans le but de le conquérir et de le conserver. *Mon œuvre fait tellement partie de mon être intérieur;* elle est si véritablement le produit de mes observations, de mes réflexions, de mes impressions personnelles, que *c'est véritablement une portion de moi-même que je donne au public sur la scène;* et quand j'arrive au lecteur, je lui livre le reste, le fond même de ma pensée, que les lois du théâtre ne me permettent pas toujours de dire tout entière. »

Et Dumas entend se placer à un point de vue tellement élevé qu'il termine par ces paroles :

« Nul ne sera donc un auteur dramatique, si ce n'est la chair et le sang de l'humanité à laquelle il appartient qu'il donne à ceux qui l'écoutent et surtout à ceux qui le lisent. »

On le voit, Dumas ne plaisante pas avec le *sacerdoce;* et cette gravité, cette entière sincérité qu'il exige de l'écrivain dramatique, nous expliquent cet emploi des *thèses* si fréquent; — dirai-je : constant? — dont on lui a bien souvent fait reproche. Mais entendons-nous une bonne fois sur ce point! La thèse — j'ai déjà eu à le faire remarquer — n'est pas une mauvaise chose en elle-même, ni à réprouver en principe. Elle est de l'essence même de l'œuvre dramatique; et il n'y a guère que le théâtre futile et sans portée qui puisse s'en passer. *Les Précieuses ridicules, Le Misanthrope, Les Femmes savantes* sont des thèses : à combien plus forte raison, *L'École des Maris* et *L'École des Femmes,* dont le titre seul affiche cette prétention! Si *Le Barbier de Séville* n'est qu'un admirable vaudeville[1], *Le Mariage de Figaro* affecte par moments l'allure d'une thèse politique, ou plutôt sociale. De nos jours, Labiche est plein de thèses : *Le Voyage de M. Perrichon, Le Plus*

---

1. On pourrait encore trouver une thèse dans une œuvre qui a pour sous-titre : *la Précaution inutile.*

heureux des trois, *Le Misanthrope et L'Auvergnat*, *Les Petits Oiseaux*, sont des thèses à leur façon. Émile Augier a aussi ses comédies-thèses : *Le Gendre de M. Poirier*, *Les Effrontés*, *Un Beau Mariage*, sont dans ce cas, sans compter la fameuse et regrettable thèse en faveur du divorce, *Madame Caverlet*. Et plût au ciel qu'on nous donnât souvent des thèses comme ont su le faire Molière, Beaumarchais, Labiche, Augier !

D'où vient donc le discrédit où la thèse est tombée, et pourquoi semble-t-on vouloir la proscrire ? C'est qu'il y a thèse et thèse, comme il y a fagots et fagots, ou, si vous aimez mieux, il y a deux manières, pour l'auteur, d'exposer ses idées. Tant qu'il le fait par l'action, cette démonstration vivante qui nous laisse le soin de conclure, ou qu'il procède par la vivacité d'une discussion entre plusieurs personnages, dont chacun est intéressé à plaider sa cause et se développe conformément au caractère posé ; tant que le drame, enfin, ne s'interrompt pas pour la présentation de la thèse, et que celle-ci, faisant corps avec lui, l'auteur poursuit sa marche et va droit à son but ; tout est bien. Le mal commence à l'heure où l'écrivain, oubliant le rôle impersonnel qui lui est assigné dans une œuvre dramatique, se substitue à ses personnages, et, les renvoyant à la cantonade, se met, visiblement, à pérorer à leur place, disons le mot : à *conférencier*. Bref, la thèse n'est admissible qu'à la condition de ne pas se montrer : elle doit découler du drame, ou, tout au moins, s'y mêler tellement que nous ne puissions l'en détacher.

Ce qui, par malheur, justifie fréquemment les reproches adressés à Dumas fils, c'est que trop souvent, chez lui, le mouvement scénique s'arrête pour faire place à la thèse, et que, dans l'ardeur qu'il apporte à la propagation de ses idées, il lui arrive volontiers de prendre la parole aux lieu et place de ses personnages. C'est, je le répète, la bonne foi même de l'auteur qui en est cause. Cet écrivain, qui éprouve tellement le besoin de vous livrer « le fond de sa pensée », qu'il ne saurait se passer de préface, pour y verser les choses « que les lois du théâtre ne lui permettent pas toujours de dire tout entières », cet écrivain attache trop de prix à sa thèse pour qu'il n'oublie pas quelquefois « les lois du théâtre », quoi qu'il en dise. Encore est-il heureux qu'en dépit des quelques écarts où l'entraîne son instinct de polémiste, il ait un superbe tempérament d'auteur dramatique qui ne tarde pas à remettre toutes choses au point.

Après tout ce que je viens de dire, on ne s'étonnera pas si je remarque que la plupart des préfaces de Dumas portent sur la thèse que sa pièce expose plus que sur cette pièce elle-même. Je ne m'occuperai pas de ce point de vue : je ne traite pas ici les questions morales ou sociales, mais simplement l'art dramatique ; et si j'aborde ces questions chères à Dumas, ce sera seulement lorsqu'elles seront trop inféodées au corps du drame pour que je puisse séparer *ceci* de *cela*.

Quant aux idées générales sur le théâtre, elles arrivent à être, chez Dumas, comme chez les autres maîtres de la scène, à peu près les mêmes que celles des grands classiques. Rien de plus aisé à expliquer, si l'on admet, comme le bon sens l'exige, que le théâtre a ses règles et ses lois, non point arbitraires et livrées aux caprices de quelques Aristarques, mais immuables, nécessaires, et découlant des conditions mêmes de ce genre littéraire.

Lors de son éclatant début dans *Le Demi-Monde*, Dumas fils, avec l'audace de son sujet, et la crânerie de son allure réaliste, nous apparut, tout d'abord, comme un révolutionnaire, prêt à saper tous les principes établis, et à élever, sur les ruines du théâtre « conventionnel », un art de facture libre et d'essence toute nouvelle. Au fond, il ne faisait qu'élargir un peu le domaine dramatique, en pénétrant sur un terrain que, jusqu'alors, et par une réserve qu'on pourrait peut-être justifier, la scène s'était interdit d'aborder. Mais, si hardie que fût son évolution, elle n'allait pas jusqu'à lui permettre de se dégager des lois nécessaires du théâtre ; et s'il put un moment, en une heure de jeunesse, en nourrir l'illusion, la seule sûreté de son instinct dramatique ne devait pas tarder à lui ouvrir les yeux.

Il parle des règles et du « métier », tout comme un autre, sachant bien, avec La Bruyère, que « c'est un métier que de faire un livre comme de faire une pendule », et qu'il n'est pas plus permis de s'improviser auteur qu'horloger. C'est Dumas qui le dit : « Les exigences dramatiques, que certains jeunes appellent des conventions, quand ils ne savent pas s'en servir[1] ». On croirait entendre Aristote ! Le voilà donc reconnu par notre révolutionnaire d'hier, ce métier, dont nos modernes auteurs dramati-

---

1. Préface générale du *Théâtre des Autres*.

ques font il, peut-être parce que ce ne sont pas de véritables auteurs dramatiques, et qu'ils trouvent plus simple de perpétrer ces œuvres bâtardes où le comédien est tout, et de nier carrément les règles, que de prendre le temps de les connaître et de s'en pénétrer.

La vérité, — et nous touchons ici au point qui explique, s'il ne la justifie pas, l'erreur moderne — c'est qu'à côté du *métier*, qui s'apprend, il y a, chez tout bon écrivain dramatique, une aptitude nécessaire, un don naturel, que rien ne remplace, et sans lesquels il est inutile de s'aventurer dans l'art difficile du théâtre.

« On peut, dit encore Dumas dans la même préface, *devenir* un sculpteur habile, un dessinateur remarquable, un musicien savant. On ne *devient* pas un auteur dramatique, si on ne l'est pas de prime abord. Il n'y a pas d'école ou d'atelier où l'on apprenne à composer une pièce, comme on apprend le modelage, le contrepoint ou le dessin. »

Cela est vrai : il n'y a pas d'école où le métier dramatique s'apprenne. Peut-être ne serait-il pas trop absurde d'imaginer des sortes d'*ateliers*, où un auteur dramatique expérimenté pourrait redresser les ouvrages des novices, et les corriger comme fait le peintre habile, quand il passe au milieu de ses élèves ; mais cela n'existe pas.

Ce qui existe, en attendant, ce sont, et de l'aveu du même écrivain, ce sont ces « exigences dramatiques », dédaignées à tort à présent. Ces exigences, il faut donc les étudier et les comprendre. — « A quoi bon ? » nous répondent les dramaturges contemporains. Ces exigences ne sont pas si impérieuses que vous le dites, puisque nous les foulons aux pieds, et que nous trouvons, quand même, un public pour nous applaudir. » C'est l'argument du succès, celui de la caisse et de la recette. Le mérite d'une pièce peut se mesurer mathématiquement à cet étiage : « celle qui *fait* « quatre mille » en moyenne est supérieure, d'un quart, à celle qui ne *fait* que « trois mille ». Ce jugement littéraire n'est pas de l'ordre le plus élevé ; mais comme il est commode !

Cependant, il est permis de remarquer que, de ces pièces aucune ne dure et ne s'impose. Le théâtre est-il donc descendu si bas que nous n'y cherchions plus que l'amusement d'une soirée, et que nous en fassions seulement quelquechose comme un café-concert d'un étage légèrement supérieur ? Non, cela ne peut être; et les préoccupations sociales de certains écrivains suffisent à le démontrer. Disons-le donc : les règles, ou, comme dit Dumas, les *exigences* dramatiques ne sont sans doute pas indispensables pour faire un quelquechose d'informe qui puisse, sous le nom de pièce, se jouer sur un théâtre; mais elles sont nécessaires pour faire une bonne pièce, une œuvre dramatique digne de ce nom, et c'est justement à ceux qui gardent quelque souci de l'art que s'adressent ces études.

Ainsi, il y a un *métier*, qu'il faut apprendre : voilà un point sur lequel Dumas fils est d'accord avec les classiques, sur lequel il est classique lui-même. Que ce métier s'apprenne par l'étude des œuvres antérieures, et surtout par la pratique, comme en forgeant on devient forgeron, cela est certain, et peu importe. Il y a mieux : il existe, en dépit qu'on en ait, une *convention*. Cette convention, que « certains jeunes » voudraient supprimer, on peut chercher à la réduire au strict nécessaire, au *minimum*. On le peut, on le doit même, tant importe la vérité; mais en nier la nécessité serait aussi absurde que de vouloir se persuader que les arbres de théâtre sont de vrais arbres et que l'horizon s'étend aussi loin que l'art du décorateur a l'adresse de nous le faire croire.

« Dans tous les arts, dit notre écrivain, il y a une part plus ou moins grande, mais indispensable, faite à la convention. La sculpture n'a pas la couleur, la peinture n'a pas le relief, et elles sont bien rarement l'une et l'autre, dans les dimensions de la nature qu'elles représentent. Plus on donnerait à une statue la coloration de la vie, plus on lui infligerait les apparences de la mort, parce que, dans l'attitude définitive à laquelle la condamne la matière dont elle est faite, il lui manquerait toujours le mouvement, qui, bien plus que la couleur et la forme, est la preuve de la vie. Si l'art n'était que la reproduction exacte de la nature, il resterait toujours inférieur à elle, puisqu'il ne pourrait jamais prétendre ni à l'ampleur, ni à l'étendue, ni à la fécondité, ni à l'ensemble, ni à la variété du modèle, et, constaté inférieur, il deviendrait inutile; tandis que, s'il est toujours au-dessous de la nature prise dans sa totalité, il peut être son égal, il peut être supérieur à elle, quand il fait son choix dans ses innombrables parties. Il faut évidemment qu'on sente, qu'on retrouve, qu'on admire toujours la nature dans l'art, mais, nous le répétons, interprétée et restituée d'une certaine façon par le génie particulier de l'artiste. Elle est la base, elle est la preuve, elle est le moyen, elle n'est pas le but. L'artiste, *le véritable artiste a une mission plus haute que celle de reproduire ce qui est;* il a à découvrir et à nous révéler ce que nous ne voyons pas dans ce que nous regardons tous les jours, ce que seul il a la faculté de percevoir dans cet ensemble en apparence ouvert à tous; et, s'il emprunte à la création, ce n'est que pour créer à son tour. Il idéalise le réel qu'il voit, et réalise l'idéal qu'il sent¹ ».

Voilà donc où avait abouti, après un long exercice de la carrière, ce réaliste inquiétant, dont l'apparition avait, avec *Le Demi-Monde*, bouleversé nos habitudes et troublé notre quiétude classique ! Et que pourrait dire de plus un idéaliste convaincu ? Oui, « idéaliser le réel et réaliser l'idéal », c'est bien là le but de l'art en général, et celui du théâtre comme de tous les autres arts. Je le répète, si Dumas fils avait pu croire, dans une illusion de jeunesse, révolutionner le théâtre, il en était bien revenu plus tard. Le théâtre, c'est la vie mise sous nos yeux, sous réserve des conventions nécessaires. On ne change pas plus le théâtre de par sa

---

12. Préface de *L'Étrangère*.

volonté, qu'on ne peut changer la vie. Écoutez plutôt Dumas lui-même, dans la même préface :

« Il faut être d'une outrecuidance niaise, voisine de l'hémiplégie ou du *delirium tremens*, pour s'imaginer qu'on fait des révolutions en littérature et qu'on est un chef d'école. On peut avoir autour de soi quelques besoigneux, quelques naïfs et quelques malins, qui vous disent de ces choses-là par nécessité, par ignorance ou pour se donner le spectacle de la sottise d'un homme célèbre, mais il ne faut pas les croire. En art, et surtout en littérature, il n'y a pas d'écoles, il n'y a pas de genres, il n'y a pas de formes, il n'y a pas de vérités, il y a ce qui dure. »

Prenons garde à cette conclusion, où Dumas dépasse évidemment sa pensée. On pourrait en déduire qu'il n'y a ni règles ni principes ; et nous savons que telle n'est pas la doctrine de l'écrivain, surtout de l'écrivain parvenu à ce point de la carrière. Ce qu'il y a de certain, c'est que la plupart des règles sont ici négatives. Il n'y a pas de méthode pour bien faire : il n'y en a que pour éviter les fautes et se garder des écueils. Même cette règle d'Horace, dont la justesse n'est pas discutable, que le personnage dramatique doit toujours être *sibi constans*, est, à proprement parler, plus négative que positive : il faut éviter les fausses notes qui détonnent dans un caractère une fois posé. L'homme est, cependant, nous le répétons tous les jours, un tissu de contradictions : dans la vie réelle, c'est possible ; dans la vie dramatique, cela ne se peut. L'art, pour ne pas être taxé d'incohérence, a besoin d'être plus logique que la vie même. C'est ce que Boileau, poète médiocre, mais critique sagace, exprime par le vers fameux :

Le vrai peut quelquefois n'être pas vraisemblable.

Au reste, le précepte d'Horace ne rentre pas dans le domaine exclusif du théâtre : il est applicable à tous les ordres de création littéraire ; et le héros d'un conte ou d'un roman a le devoir de rester *sibi constans* tout autant que celui d'une œuvre dramatique.

C'est dans cette absence de règles positives, ou plutôt dans les nuances infinitésimales de leur application, que consiste la difficulté de l'art du théâtre ; c'est là ce qui fait qu'il n'y a pas ici d'écoles ouvertes, pas d'enseignement précis, comme il y en a pour apprendre le dessin ou la composition musicale. Il est, ainsi, cent cas où l'auteur doit être son seul guide ; car, à une très légère nuance près, ce qui est utile ici est dangereux là. Tous les hommes de théâtre vous diront, par exemple, qu'il est très difficile de poser en principe s'il vaut mieux, dans une donnée enveloppée de quelque mystère, mettre le public dans la confidence, ou lui cacher, comme aux personnages en scène, le mot qui livrera le secret d'une situation. Faut-il, au moins, le préparer à la *surprise ?* Questions très délicates et dont la réponse est très variable. Il y a, à ce sujet, dans le volume de *Notes* du *Théâtre d'Alexandre Dumas fils* (tome VIII), une intéressante anecdote qui, quoique un peu longue, demande à être citée.

« Il y a, dit Dumas fils, deux théories au théâtre : la théorie de la confidence et la théorie de la surprise; autrement dit, certains auteurs veulent que le public soit mis dans le secret de la comédie, d'autres veulent qu'il n'y soit pas initié, qu'il devine, s'il peut, qu'il soit surpris s'il ne devine pas. Je suis de ceux-ci; Montigny était des premiers. Je m'étais absenté pendant quelques-unes des dernières représentations[1] du

---

1. Il faut lire évidemment : « répétitions. »

Demi-Monde; quand je revins, tous les rôles étaient sus, et toute la mise en scène était faite. J'étais assis sur le théâtre, et j'écoutais cette avant-dernière scène, quand, au milieu de la tirade d'Olivier, je vis Berton, qui représentait M. de Nanjac, ouvrir la porte de droite et entrer en scène. J'arrêtai Dupuis, et je dis à Berton : « Vous entrez trop tôt. — Non, me répondit-il, M. Montigny m'a dit d'entrer à ce moment. » Je regardai avec étonnement Montigny, assis à côté de moi. « Oui, me dit-il, Nanjac doit se montrer le plus tôt possible. Le public sait bien qu'il n'est pas tué. — Comment, le public le sait bien? — Évidemment. — Mais il ne faut pas que le public s'en doute. — Vous voulez que le public croie que Raymond est mort? Vous voulez mettre le public dedans? — Tant que je pourrai. — Mais si le public croit à ce dénouement, il sifflera; parce que ce dénouement serait exécrable. — Eh bien, il sifflera; mais d'abord il n'est pas sûr qu'il siffle, et quand il verra qu'il s'est trompé, il applaudira d'autant plus. — C'est insensé! Continuez, Dupuis; et vous, Berton, entrez comme je l'ai réglé. — Mais non, mais non, m'écriai-je; continuez, Dupuis, mais vous, Berton, n'entrez que lorsque Dupuis aura dit : « Vous avez perdu, chère amie, vous devez un gage, regardez. » — C'est bien, dit Montigny en se levant; faites ce que veut l'auteur; mais moi, je ne prends pas la responsabilité d'une mise en scène comme celle-là, et je n'assiste plus aux répétitions. » Et, en effet, Montigny, très autoritaire, surtout à cette époque, me bouda et me laissa faire, tout seul, le dernier travail. La répétition générale eut lieu. Pour me convaincre de mon erreur, et pour me donner une leçon, Montigny remplit la salle de monde, de l'orchestre au cintre. J'étais tout seul dans une petite loge du rez-de-chaussée. Lorsque la fameuse scène arriva, le public fut entièrement trompé, et j'entendais autour de moi : « Oh! oh! » et des claquements de langue significatifs ; bref, un désappointement allant jusqu'aux murmures. Et nous avions affaire à une salle d'amis, ou plutôt d'invités! Qu'est-ce que ce serait donc le lendemain? Montigny entendait tout cela de sa loge. Puis, tout à coup, quand, après ces mots : « Vous devez un gage, regardez », M. de Nanjac paraît, vivant, et bien vivant, les cris de joie, les applaudissements éclatèrent, l'orchestre et le parterre se levèrent en battant des mains, et c'est à peine si l'on écouta les dernières lignes. La porte de ma loge s'ouvrit alors, la bonne figure de Montigny passa par l'entre-bâillement et il me dit : « C'est vous qui aviez raison ». Je l'embrassai et tout fut dit. Depuis lors, chaque fois qu'il voulut me faire changer un dénouement, je lui disais : « Et le *Demi-Monde?* » Il se mettait à rire et me laissait faire. »

Que Dumas fils ait eu raison, l'événement semble l'avoir prouvé. Mais l'expérience reconnue de Montigny pouvait — et on le voit à son récit — lui inspirer quelque doute. Il est certain que ces dénouements sont de très dangereux tournants de route, qu'il y a là une borne contre laquelle on risque de se heurter, et qu'il y peut tenir à rien que le public y conspue l'auteur ou le porte en triomphe. Dumas le sait et le dit lui-même :

« Il faut être du métier pour savoir de quelle prudence et de quelle circonspection on doit user à chaque reconnaissance nouvelle sur le terrain à conquérir. Il y a des ennemis cachés dans toutes les broussailles. C'est ce qui rend notre art si difficile et ce qui le place en même temps si haut que, depuis le commencement du monde, on ne pourrait pas compter trente chefs-d'œuvre dramatiques. Il faut dire aussi qu'il y a là une perspective particulière [1]. »

1. Préface de *L'Étrangère*.

Puis, Dumas fils, un des écrivains de théâtre les plus conscients et chez qui la théorie tient une grande place, ajoute, appuyant sur la difficulté de son art :

« La grande erreur des critiques de profession est de se figurer que nous ne nous critiquons pas nous-mêmes. Pas un de nous connaissant bien son métier d'auteur dramatique, qui d'abord n'ait fait vingt fois la critique de sa pièce avant de la livrer à la scène (les ratures de nos manuscrits sont là pour en témoigner), et qui, la pièce jouée, ne sache parfaitement par où elle pèche. Il ne faut pas croire que nos défauts soient toujours des erreurs involontaires; ce n'est pas toujours parce que nous nous trompons que nous faisons mal, c'est parce que nous ne pouvons pas faire autrement... J'ai vu certains critiques de talent et de conscience, mettre très sûrement le doigt sur le point défectueux, constater que cela sonnait creux à tel où tel endroit; mais je n'en ai jamais vu un seul dire comment il aurait fallu faire. »

Tout cela est fort juste; mais notez-y surtout avec quelle persistance le mot de *métier* y revient sous la plume du maître écrivain : « pas un de nous, dit-il, connaissant bien son *métier* d'auteur dramatique, qui ne... » Il y a un *métier*, il y a des *lois*, il faut toujours en venir là. Ce métier est dur; ces lois sont variables et mal aisées à connaître : soit! Mais l'un et les autres existent; et c'est à tort, qu'aujourd'hui, on ne veut pas les connaître, emporté par cette fièvre du siècle, qui veut arriver vite au but, et avec le moins de peine possible. C'est le contraire qui concorde avec la vérité : *ars longa, vita brevis.*

Dans une page charmante, et qu'il faut citer, Dumas revient sur cette question du métier; et on doit y insister avec lui, parce que, dans la réaction contre l'école des « charpentiers dramatiques » (toutes les réactions vont à l'excès), il n'y a presque pas, aujourd'hui, d'écrivain de théâtre, ni même de critique qui ne parte en guerre contre le *métier*. Guerre folle et aveugle! Car il n'y a pas d'auteur, si acharné qu'il soit dans ce débat, qui, au besoin sans s'en rendre compte, ne se fasse sa méthode, c'est-à-dire, son métier, pour mettre sur pied une pièce, fût-elle médiocre, fût-elle mauvaise. Cette page du maître, qui prouve, et l'existence d'un métier dramatique, et la nécessité d'une vocation formelle pour en pénétrer les secrets, est empruntée à la préface du *Père prodigue :*

« On peut devenir un peintre, un sculpteur,

un musicien même à force d'études; on ne devient pas un auteur dramatique. On l'est de de suite ou jamais, comme on est brun ou blond, sans le vouloir. C'est un caprice de la nature qui vous a construit l'œil d'une certaine façon pour que vous puissiez voir d'une certaine manière, qui n'est pas absolument la vraie, et qui cependant doit paraître la seule, momentanément, à ceux à qui vous voulez faire voir ce que vous avez vu. »

Et, poursuivant son idée avec une ardeur et une crânerie qui ne vont pas sans quelque courage par le temps qui court, Dumas ajoute :

« Un homme sans valeur aucune comme penseur, comme moraliste, comme philosophe, comme écrivain, peut être un homme de premier ordre comme auteur dramatique, c'est-à-dire comme metteur en œuvre des mouvements purement extérieurs de l'homme; et, d'un autre côté, pour être, au théâtre, un penseur, un moraliste, un philosophe, un écrivain que l'on écoute, il faut indispensablement être muni des qualités particulières et naturelles de cet homme sans valeur sonnante. Bref, pour être un maître dans cet ART, il faut être un habile dans ce MÉTIER. »

Que penseront de ce passage les raffinés de

la littérature nouvelle, pour qui Scribe, visiblement visé ici, est la plus grotesque des « têtes de turc » ? Que pourront-ils penser de Dumas, venant leur dire : « Soyez, au théâtre, un homme de talent, un homme de génie même, si vous voulez; mais commencez par prendre des leçons de cet homme de métier, que vous dédaignez. »

Et que diront-ils de cette conclusion, qui, sans relever au-delà de leur mérite les qualités *subalternes* de Scribe, leur donne, sur ce terrain de la facture dramatique, une importance capitale :

« L'auteur dramatique, dit Dumas dans la même préface, qui connaîtrait l'homme comme Balzac et le théâtre comme Scribe, serait le plus grand auteur dramatique qui aurait jamais existé. »

Voilà donc qui est simple et précis. Ayez du talent, du génie, même, tant que vous voudrez, — ou, mieux, — tant que vous pourrez. Mais n'espérez pas vous passer du *métier;* car ce métier, si modeste et méprisable qu'il vous paraisse, est le condiment indispensable, c'est la condition *sine quâ non* du bon théâtre. — Dumas comprend que certains esprits délicats se révoltent contre cette nécessité, qui les envoie sur les bancs de l'école, à côté d'esprits parfois vulgaires et assez grossiers. Il calme ces scrupules, ou plutôt ces fiertés, en les rappelant au sentiment de la réalité :

« Je comprends, dit-il dans la préface de *L'Étrangère*, que des esprits distingués, délicats et graves, à la recherche de la vérité absolue, s'étonnent, s'irritent même de toutes les concessions que la vérité doit faire au public du théâtre, et qu'ils s'en prennent aux auteurs même les plus accrédités, surtout à ceux-là, les jugeant responsables de cet état de convention. Que ces grands esprits essayent de changer ce qui est, ils verront si c'est possible. Ils feront peut-être mieux que leurs confrères, mais avec les procédés que ceux-ci emploient; IL N'Y EN A PAS D'AUTRES. »

On ne saurait parler avec plus de bon sens. Ceux qui nient l'existence des conventions théâtrales sont les premiers à les appliquer sans s'en douter. Ils me font penser aux hommes qui nient Dieu, et qui ne sauraient passer une journée sans émettre une pensée qui suppose nécessairement l'existence du Maître suprême. De même qu'il n'y a pas de véritables athées, il n'y a pas d'écrivains dramatiques, qui, au fond de leur pensée, ne soient contraints de reconnaître ces conventions et ce métier, dont ils semblent souvent faire si bon marché.

Dumas, passant de la théorie à l'application, nous donne, dans la préface remarquable du *Père prodigue*, l'indication des principales règles qui s'imposent à l'auteur dramatique :

« La vérité peut être absolue ou relative, selon l'importance du sujet et le milieu qu'il occupe : la logique devra être implacable entre le point de départ et le point d'arrivée, qu'elle ne devra jamais perdre de vue dans le développement de l'idée ou du fait. Il y faut encore la mise en saillie continuelle sous les yeux du spectateur du côté de l'être ou de la chose pour ou contre lesquels on veut conclure : puis, la science des contre-parties, c'est-à-dire des noirs, des ombres, des oppositions en un mot, qui constituent l'équilibre, l'ensemble et l'harmonie ; puis, la concision, la rapidité, qui ne permettent pas à celui qui écoute d'être distrait, de réfléchir, de respirer, de discuter en lui-même avec l'auteur ; puis, la connaissance des plans, qui ne laisse pas s'en aller dans le fond la figure qui doit être en lumière ni avancer dans la lumière les figures de demi-teinte ; puis, la progression mathématique, inexorable, fatale, qui multiplie la scène par la scène, l'événement par l'événement, l'acte par l'acte, jusqu'au dénouement, lequel doit être le total et la preuve; enfin, la notion exacte de nos limites, qui nous interdit de faire notre tableau plus grand que notre cadre, car l'auteur dramatique qui a le plus à dire doit dire tout de huit heures du soir à minuit, dont une heure d'entr'acte et de repos pour le spectateur. »

Et, pour résumer en deux lignes toutes les lois essentielles du théâtre, Dumas ajoute :

« Le réel dans le fond, le possible dans le fait, l'ingénieux dans le moyen, voilà ce qu'on peut exiger de nous. »

Il est difficile de dire plus de choses en moins de mots; car le devoir de l'auteur dramatique est, en effet, d'être vrai dans la mesure du possible, vraisemblable toujours, et intéressant ou amusant (suivant qu'on est dans le drame ou la comédie); trois points essentiels que l'aphorisme de Dumas met admirablement en lumière.

L'œuvre de théâtre doit être vraie : c'est le premier point. Mais cette vérité doit être présentée à l'aide de *moyens ingénieux*. Ne confondons pas cette essentielle recherche du vrai « dans le fond » (le mot est encore de notre écrivain) avec l'affectation de vérité dans les détails, si chère aux esprits vulgaires, et qu'on a dénommée le « réalisme ». Ici encore, le maître est très formel :

« Le public ne vient à nous (préface de *L'Étrangère*) que pour sortir de lui. Il lui faut une illusion, une consolation, un idéal, qui l'escorteront encore quelque temps après qu'il nous aura quittés. Pour retrouver au théâtre les réalités qu'il coudoie tous les jours, il aime autant rester chez lui et il a raison. »

Voilà bien le procès fait au réalisme, et sa condamnation formelle. Et, en effet, si l'on ne demande au théâtre que la reproduction photographique de la vie réelle dans toute sa banalité, peut-on imaginer un art plus insignifiant et plus vide?

Dans cette même préface de *L'Étrangère*, toujours, Alexandre Dumas fils relève, parmi les conditions d'art dont l'auteur dramatique doit se préoccuper, cette optique spéciale qui met tant de différence entre l'ouvrage écrit et l'ouvrage représenté :

« Le livre, dit-il, n'est pas la scène; la communication, l'optique, la sonorité ne sont pas les mêmes ; le livre peut dire aisément tout ce que le théâtre dirait; la scène ne pourra jamais dire tout ce que dira le livre, pas plus qu'on ne peut toujours, quand on est trois, dire et faire tout ce qu'on peut dire et faire quand on est deux. Au théâtre, on est toujours trois. »

« Au théâtre, on est toujours trois. » Le mot est charmant et bien fin; mais il ne va pas assez loin : au théâtre, on est toujours une foule, et à une foule il faut parler haut. Ce seul fait donne aussitôt aux paroles du théâtre un *grossissement* particulier. Ce n'est pas toujours par crainte de la corrompre qu'un père de famille bien avisé évite de mener une jeune fille à certaines comédies un peu brutales : une fille bien élevée n'est pas si aisée à corrompre. Il y a là plutôt une question de respect et de pudeur : *maxima debetur reverentia;* tel mot vif, en effet, que la jeune fille pourrait lire sans inconvénient peut-être, éclate, dans une foule d'un millier de personnes, comme un outrage à son adresse, comme un soufflet qu'un rustre appliquerait sur sa joue. Il n'atteint pas la femme dans sa conscience; mais il la salit en passant, tel que la voiture qui, dans la rue, nous éclabousse.

Cette composition de la salle de spectacle, et, avec elle, les conditions spéciales d'exécution, imposent à l'œuvre dramatique une forme particulière. Nous touchons ainsi au *style* théâtral, que notre grand préfacier n'a garde d'oublier; car ce théoricien, si habile praticien qu'il soit aussi, est *documenté* et prêt à raisonner sur toutes les parties de son art. Il y a un style de théâtre, qui n'est, ni en vers ni en prose, le même que celui du livre écrit pour le seul lecteur. En vers, par exemple, il doit se tenir à égale distance de la platitude, qui n'est permise en aucun genre littéraire, et du lyrisme, qui déconcerait l'ensemble des spectateurs constituant, je le rappelle, *une foule*. En prose, il doit être aisé, concis, très net — pour être saisi au vol — vibrant — pour frapper l'auditoire. N'est-ce pas Voltaire qui a dit qu'au théâtre, il importe plus de frapper fort que de frapper juste? Peut-être y a-t-il une nuance de dédain dans cette appréciation du style dramatique; et l'auteur de *L'Écossaise* a dû dire ce mot dans une heure de dépit, après quelque chute théâtrale; mais il y a un grand fond de vrai dans sa maxime, qu'il conviendrait de traduire ainsi: il faut toujours frapper juste; mais il est *indispensable* de frapper fort. Le pire style au théâtre est celui dont l'effet, selon une expression consacrée, « ne passe pas la rampe ». Dumas abonde, à son tour, dans ce sens; et il nous donne finement la raison de la différence qui s'accuse ici entre le livre et l'œuvre dramatique:

« Au théâtre, le charme est plus nécessaire que la vérité. L'œil se laisse prendre par un beau visage, l'oreille par une belle voix. C'est le propre des assemblées humaines de pouvoir être momentanément séduites par un mot, par un geste, par un cri. *Pour entraîner mille individus, il n'est besoin que de les émouvoir; pour en entraîner un, il faut le convaincre* [1]. »

Cette dernière phrase est bien le commentaire de l'aphorisme de Voltaire. Mais, si le public de théâtre est une foule, ayant les caractères généraux de toutes les agglomérations humaines, c'est une foule spéciale, arrivant avec ses idées souvent préconçues, ses préjugés, que l'auteur peut combattre sans doute, mais dont il doit d'abord tenir compte, et qu'il ne saurait heurter de front. Il faut donc que l'écrivain connaisse bien cette foule, pour lui parler le langage qui lui convient. Or, voyons, à en croire notre écrivain, quelle elle peut être :

« Le public, un enfant à la fois ignorant et ne voulant rien apprendre, curieux et convaincu qu'il y a une quantité de choses très naturelles, très vraies, dont on ne doit jamais lui parler au théâtre, impressionnable et distrait, sensible

---

2. Préface de *La Princesse Georges*.

et taquin, prêt à pleurer, prêt à rire, ayant horreur de la réflexion, enchanté d'un jouet nouveau qui lui fait tout de suite oublier les anciens, mais qu'il est toujours prêt à casser pour savoir ce qu'il y a dedans, et ne sachant très bien d'ailleurs qui le lui a donné, ne refusant pas d'écouter des choses sérieuses, mais à condition que ça ne dure pas longtemps, sinon il se met à causer, ou à bâiller, ou à dormir, à moins qu'il ne s'en aille [1]; un enfant qui ne vieillit jamais, qui ne peut vieillir, parce qu'il s'est assimilé le principe de l'éternelle jeunesse, de l'éternel amour, de l'éternel idéal, de l'éternel féminin, c'est-à-dire ce qui est toujours fermé à un raisonnement, et toujours ouvert à une émotion. Vouloir modifier le public, autant essayer de dessaler la mer [2]. »

Ainsi que Démosthènes connaissait bien les Athéniens auxquels il adressait ses Philippiques, l'auteur dramatique doit connaître à fond le public du théâtre. Ces causes, donc, et bien d'autres, dont chacun, en réfléchissant, peut se rendre compte, font qu'il y a un style *néces-*

---

1. Encore une différence à noter entre le spectateur et le *lecteur du livre* : celui-ci peut toujours tourner la page qui l'ennuie, tandis que nous voulons forcer le *spectateur* à nous écouter.
2. Préface de *L'Étrangère*.

saire au théâtre. C'est pour n'avoir pas réfléchi à ces choses que certains grands esprits (La Bruyère, Lamartine, etc.) n'ont pas rendu justice à nos écrivains de théâtre : « C'est ce malentendu entre les deux manières, dit toujours Dumas[1], qui a fait dire à La Bruyère cette vérité absurde : « Il n'a manqué à Molière que d'éviter le jargon et d'écrire purement. » — Théophile Gautier, rapportent les frères de Goncourt, disait : « Molière écrit comme un cochon. » Je puis me porter témoin de la vérité de cette assertion, ayant entendu moi-même l'écrivain répéter la chose en ces mêmes termes. Qu'est-ce que cela prouve, sinon que Gautier, qui fut un styliste avant tout, Gautier, cet amant de la forme, est resté toute sa vie, comme La Bruyère, du reste, étranger aux choses du théâtre? Molière, qui est un très grand *écrivain*, — il est presque naïf de le dire, — sut découvrir la langue même qui convenait à ses œuvres. Nous avons vu Hugo lui-même s'incliner devant la langue poétique de Molière. Souhaitons donc que nos écrivains retrouvent un jour le secret de son « jargon. »

L'écrivain de théâtre, qui demande à être

---

[1]. Préface du *Père prodigue*.

saisi au vol, doit prendre, pour exprimer sa pensée et la faire porter, la forme la plus frappante et la plus *ramassée*. Dumas lui permet même les incorrections, quand le mouvement scénique les lui dicte. Il le dit nettement dans la préface du *Père prodigue*, en s'autorisant d'un maître :

« Je t'aimais inconstant; qu'aurais-je fait fidèle?

est une abominable faute de grammaire, que le vers ne nécessitait pas; cependant, s'il eût eu à peindre le même sentiment en prose, Racine, *qui savait son métier*, l'aurait présenté avec la même incorrection. »

Quand nous avons affaire à un *styliste* comme Dumas fils, vous pensez bien qu'il ne s'agit pas de s'autoriser de ce qu'on est au théâtre pour se dispenser de bien écrire ou même pour ne pas écrire du tout. Non : le style du théâtre aura, à de certains égards, moins d'exigences que l'autre, soit; à d'autres, il en aura plus, et de toutes particulières. Ne faut-il pas, d'ailleurs, en art, affirmer toujours sa personnalité? Et la forme littéraire est un des points où la personnalité s'affirme le mieux.

« On n'est complètement auteur dramatique

que si l'on a une manière d'écrire, comme une manière de voir, absolument personnelle. Une œuvre dramatique doit toujours être écrite comme si elle ne devait être que lue. — Il faut, pour que l'œuvre vive sans le secours de l'interprète, que le style de l'écrivain ait su transporter sous les yeux du lecteur les solidités, les propositions, les formes et les tonalités que les spectateurs applaudissent [1]. »

Donc, l'auteur dramatique peut être, il *doit* être un *écrivain*. Est-il besoin vraiment de le dire, en un art qui compte, dans l'antiquité, Eschyle, Sophocle, Euripide, Aristophane, Plaute, Térence ; chez nous, Molière, Corneille, Racine ; à l'étranger, Gœthe, Schiller et Shakespeare ?

Mais laissons là le style au théâtre, sujet sur lequel j'ai eu déjà à m'étendre plus haut, en parlant de Beaumarchais. Dumas, que j'étudie en ce moment, n'est pas seulement préoccupé de la forme artistique à donner à ses idées : ce sont les *idées* mêmes pour lesquelles ses pages d'à côté combattent, aussi bien que ses ouvrages. On connaît, sur ce point, les théories de l'écrivain, auquel on a souvent, et non sans

1. Préface du *Père prodigue*.

raison quelquefois, reproché l'abus des *thèses*. Son théâtre a pour devise la belle parole de Térence :

Nihil humani a me alienum puto.

Tout ce qui est du domaine humain et du domaine moral, est nécessairement, pour lui, du domaine dramatique. Il suffit de lire ses préfaces, particulièrement celle du *Fils naturel*, pour se rendre compte que son idéal est très élevé. Je dis : son *idéal*, et non sa *portée*. Il se trompe souvent sur l'effet moral qu'il croit atteindre, mais sa bonne foi est hors de cause. Sarcey, dont il cite lui-même un long article sur *La Visite de noces*, a pu, avec grande raison, je crois, signaler que le rire soulevé par l'audition de cette pièce est « le rire du scandale »; il semble bien pourtant que, dans cette œuvre comme dans bien d'autres, Dumas fils ait pu se croire moraliste, et même moralisateur.

Il y a, dans cette préface du *Fils naturel* que je viens de nommer, des déclarations d'une morale très élevée, au sujet desquelles Dumas, qui sait être un *écrivain* sans être un *phraseur*, ne saurait être suspect de non sincérité.

« L'homme, dit-il, n'est véritablement au-dessus de l'humanité ambiante que sur un seul plan : la vertu. »

Et, comme il faut toujours ramener ces études dramatiques sur le terrain artistique, sur leur véritable terrain :

« Quand le travail de l'esprit n'est pas la plus noble des professions, c'est le plus vil de tous les métiers. »

Nous sommes loin, on le voit, de la théorie de « l'art pour l'art. » Pour Dumas, l'art, en général, le théâtre, en particulier, ont une grande mission à remplir. Tout ce qui peut élever l'homme, tout ce qui touche à la société, à ses besoins, à ses progrès, tout cela constitue le terrain sur lequel la comédie a le droit d'évoluer. Ah! celui-là a une haute idée du théâtre et du bien qu'il peut faire !

« Un art, dit-il, qui, pour nous en tenir à la France, a produit *Polyeucte*, *Athalie*, *Tartuffe* et *Le Mariage de Figaro*, est un art civilisateur au premier chef, dont la portée est incalculable, quand il a pour base la vérité, pour but la morale, pour auditoire le monde entier, et c'est le monde qui nous écoute aujourd'hui[1]. »

1. Préface du *Fils naturel*.

Ainsi, dans la pensée de Dumas, la scène est un véritable apostolat :

« Nous sommes perdus, si nous ne nous hâtons de mettre le grand art au service des grandes réformes sociales et des grandes espérances de l'âme... Il nous faut peindre à larges traits, non plus l'homme-individu, mais l'homme-humanité, le retremper dans ses sources, lui indiquer ses voies, lui découvrir ses fins; autrement dit, nous faire plus que moralistes, nous faire législateurs. Pourquoi pas, puisque nous avons charge d'âmes...? La vieille société s'écroule de toutes parts. Notre siècle est usé, mais les *siècles* ne le sont pas... *Le théâtre n'est pas le but*, ce n'est que le moyen. L'homme moral est déterminé. L'homme social est à faire. L'œuvre qui ferait pour le bien ce que *Tartuffe* a fait contre le mal serait, à talent égal, supérieure à *Tartuffe*[1]. »

Que de gorges chaudes feraient les auteurs du XX° siècle, s'ils relisaient ces pages! Mais Dumas poursuit, sans craindre les railleurs :

« Inaugurons donc le théâtre utile, au risque d'entendre crier les apôtres de l'art pour l'art,

---

1. Préface du *Fils naturel*.

trois mots absolument vides de sens. Toute littérature qui n'a pas en vue la perfectibilité, la moralisation, l'idéal, l'utile en un mot, est une littérature rachitique et malsaine, née morte… Je défie qu'on me cite un seul écrivain, consacré par le temps, qui n'ait pas eu pour dessein la plus-value humanitaire. »

La visée est haute, et je crois qu'on pourrait se contenter à moins. Le théâtre est, avant tout, une distraction intelligente. Dans ces limites, il peut rendre encore de bons services : c'est ce que dit notre Molière dans la préface de *Tartuffe*. En un mot, il ne me paraît pas absolument nécessaire que le théâtre soit *moral :* il suffit, — et cela, alors, est nécessaire, — qu'il ne soit pas *immoral*. Tels, ces grands seigneurs dont parle Figaro, qui nous font assez de bien quand ils ne nous font pas de mal.

Ce très modeste idéal ne suffit pas à Dumas, nous venons de le voir. Il entend toujours être *moral;* et, comme il arrive à tous ceux qui abordent ces hautes régions, escarpées et ardues, il a été d'autant plus discuté qu'il a visé à une plus haute portée. Il faut dire que, parfois, il se contredit, ou a bien l'air de se contredire. L'apôtre du pardon, le créateur de la demi-repentie Marguerite Gauthier, et de cet ange de douceur qui a nom l'amiral Montaiglin, est aussi l'auteur de la brochure : « *Tue-la !* » et de cette *Femme de Claude*, où il met en application les maximes de ce farouche opuscule. Claude tue sa femme au moment où elle va livrer à Cantagnac, c'est-à-dire à l'Allemagne (voir la préface, formelle sur ce point) les secrets du fusil inventé par Claude, et s'enfuir avec Antonin, l'élève, le fils adoptif de l'inventeur. Cette justice expéditive déconcerte un peu notre notion du droit ; mais Dumas ne veut pas même alors lâcher son rôle de moraliste : « Claude n'assassine pas, il *exécute*. Il ne se fait pas justice, il *fait* justice. »

Théories dangereuses, n'est-ce pas? Car l'anarchiste, qui jette une bombe au milieu de cette société bourgeoise, qui lui semble avoir usurpé tous les « droits au bonheur », n'a pas d'autres raisonnements. Cependant, pour Dumas, Césarine est hors la loi ; c'est « la Bête de l'Apocalypse », le mal dans toute son horreur.

« A ce coup de fusil, Césarine tombe, Cantagnac s'éclipse, Antonin se prosterne. L'être de rébellion est précipité dans le néant, l'être de ruse est rejeté dans le vide, l'être d'impression, mais de repentir, est rappelé dans le bien.

Chaque chose est remise où elle aurait dû être, où elle devra rester ; la reprise de conscience est faite, proclamée, imposée ; les courants divins sont rétablis, *la loi de Dieu éclate et triomphe.* »

Nous voilà tombés jusque dans le mysticisme, et il nous semble ici lire un de ces discours violents, mêlés de prières et de citations bibliques, comme le farouche Cromwell et ses lieutenants en prononçaient au Parlement anglais.

Cet extrait du plaidoyer, *pro domo meâ*, de l'auteur de *La Femme de Claude*, méritait, ce me semble, d'être cité, pour lui-même d'abord, et puis surtout comme attestation de la persistance de l'écrivain à défendre ses pièces, non seulement sur le terrain dramatique, mais aussi, mais principalement peut-être, sur le terrain moral. D'une manière générale, et à part *La Femme de Claude*, qui n'est qu'un incident, la bonne foi de Dumas ne paraît pas douteuse.

« Je n'ai pas, dit-il, la prétention de ne pas me tromper, mais j'ai le ferme désir de ne tromper personne. C'est peut-être donner aux œuvres de théâtre en général, et aux miennes en particulier, plus d'importance qu'elles ne méritent ; mais je demeure convaincu que rien n'est sans importance dans la communication de la pensée; et qui a la prétention de persuader les autres doit d'abord s'être persuadé lui-même. »

C'est dans la préface de *La Princesse Georges* que notre écrivain s'exprime ainsi; mais ces paroles sont en tel accord avec toutes celles qu'il émet dans les pages écrites autour de son théâtre, qu'il pourrait les reproduire dans toutes les préfaces signées de lui. Toutes ces lectures nous donnent une réelle estime pour Dumas, qui, quelques erreurs qu'il ait pu commettre, se montre, dans ces opuscules, un honnête homme et un artiste convaincu.

Je me suis attaché, en parcourant les pages d'à-côté de Dumas fils, à rechercher « la critique » de l'écrivain, à mettre en lumière les idées théoriques de l'auteur, très conscient, des belles comédies que nous connaissons tous. On pourra penser que le plus vif intérêt de ces pages littéraires n'est pas là, et que Dumas, avec son esprit mordant, alerte, est surtout attrayant quand il plaide sa propre cause et défend ses ouvrages contre les attaques dont ils sont l'objet. Je ne conteste pas qu'il n'y ait, dans ces débats personnels, d'exquis morceaux de littérature; mais, outre qu'ils sont plus répandus, ils ne répondent pas au sujet de la présente étude. Je ne puis donc que les indiquer en passant. Dans les préfaces du *Demi-Monde*, de *La Dame aux Camélias*, de *La Princesse Georges*, de *M. Alphonse*, des *Idées de Madame Aubray*, de *La Question d'argent*, toutes œuvres, ou presque toutes, qu'on peut placer dans les meilleures du maître, Dumas lutte pour son sujet, débat les idées morales ou sociales que son action soulève. Au nom de cette liberté illimitée qu'il réclame pour le théâtre, dans ce domaine sans bornes où il entend se mouvoir, il touche à tout : philosophie, morale, constitution sociale, religion même [1]. Je me suis, pour moi, occupé seulement des préfaces où il touchait au théâtre.

Et d'abord, pourquoi a-t-il écrit ces préfaces? Ce n'est pas par vanité, comme font beaucoup : il s'en défend, et je crois qu'il a quelque droit à s'en défendre. Il croit avoir en main une poignée de vérités, et, loin de faire comme ce philosophe, qui conseillait alors de fermer la main, il l'ouvre toute grande.

---

1. Dans *Les Idées de madame Aubray*, il s'étend sur un sermon de Mgr Bauer aux Tuileries, où le prédicateur s'était rencontré avec lui, et il dit : « Ce qui prouve que le théâtre, quoi qu'en puisse dire mon ami et adversaire Francisque Sarcey, peut se préoccuper et se mêler des questions les plus hautes, non seulement du cœur, mais de l'âme. »

« Ce n'est pas, dit-il, pour qu'on me regarde dans la rue que j'écris ces préfaces ; ce n'est pas non plus, en vérité, pour le plaisir de parler de moi : je m'y soustrais, d'ailleurs, autant que je puis ; c'est pour causer, dans une époque où la causerie tend à disparaître, de choses qui semblent encore, pour quelques esprits, aussi intéressantes que les affaires ou la politique. C'est aussi pour donner à ceux qui viendront après nous (car nous mourrons un jour, il ne faut pas nous le dissimuler) une notion aussi exacte que possible du va-et-vient de notre siècle bizarre, si curieux, si inquiet, si crédule, si nerveux, si exagéré, si sentimental, si révolutionnaire, si bon enfant. Je ne suis ni dieu, ni apôtre, ni philosophe, ni bateleur. Je suis quelqu'un qui passe, qui regarde, qui voit, qui sent, qui réfléchit, qui espère, et qui dit ou écrit ce qui le frappe dans la forme la plus claire, la plus rapide, la plus propre à dire ce qu'il veut dire. Si le style n'est pas toujours d'une correction irréprochable, la pensée est toujours d'une sincérité parfaite, car j'aimerais mieux labourer l'arpent de terre que le travail m'a donné que d'imprimer un mot que je ne penserais pas. Je blesse souvent ainsi des idées reçues, des conventions établies, le préjugé et le qu'en dira-t-on dans lesquels la société vit tant bien que mal, qu'elle ne veut pas se voir reprendre, parce qu'elle en a l'habitude et parce qu'elle a horreur du dérangement. Bref, j'écris pour ceux qui pensent comme moi. Inutile de combattre les opinions des autres ; on parvient quelquefois à vaincre les gens dans une discussion, à les convaincre jamais. Les opinions sont comme les clous, plus on tape dessus, plus on les enfonce. Tout notre pouvoir se réduit à dire ce qui paraît être la vérité. Les hommes posent les chiffres, et le temps fait la preuve [1]. »

Je n'aurais eu garde, pour mes lecteurs, d'omettre ou de fragmenter une aussi jolie page. Elle n'est pas, d'ailleurs, sans intérêt pour nous : elle nous apprend que Dumas entendait ici faire de la causerie plus que de la polémique. N'écrit-il pas « pour ceux qui pensent comme lui ? » Peut-être aussi oublie-t-il un peu ses écrits de la veille et se fait-il illusion sur ceux du lendemain ? Que de fois n'a-t-il pas cherché et ne cherchera-t-il pas à nous convaincre ! Je l'ai dit : il n'y a rien de plus humain, et l'on n'est pas toujours le même homme. Ce que je

---

[1]. Préface du *Fils naturel*.

ne puis passer à un écrivain, c'est de se contredire d'une page à l'autre. Autrement, je ne vois que les sots qui ne se contredisent jamais, parce que, ayant peu d'idées, ils se cramponnent avec acharnement à celles qu'ils peuvent avoir. Mais l'homme qui remue beaucoup de pensées est forcément exposé à se contredire quelquefois, suivant son émotion présente, et surtout son degré d'avancement dans la vie. On l'a dit :

L'homme absurde est celui qui ne change jamais.

Tout, en ce monde, change et se modifie. L'Évangile ne dit-il pas que Dieu changera la terre et les étoiles, « comme un vieux vêtement ? »

Mais, puisque j'ai parlé de changement, disons qu'il est une heure pénible pour l'écrivain : c'est celle où il sent que le public ne marche plus avec lui, soit que ce soit lui-même qui aille trop vite, ou qu'il se soit, au contraire, laissé devancer. Dans cette intéressante préface de *L'Étrangère*, à laquelle j'ai déjà tant emprunté, Dumas fait de curieuses et mélancoliques réflexions sur cette heure douloureuse qu'il sent venir ; mais fièrement il conclut à l'infériorité du public, qui, en tant que *foule*, ne peut plus s'élever à la hauteur philosophique où l'expérience et le travail de pensée ont fini par amener l'auteur. Le morceau est remarquable :

« A mesure que les années s'accumulent, que la vieillesse s'avance, que la mort s'annonce, nous devons sentir une sorte de malaise et croire commettre une sorte d'indécence en nous exposant, avec des *lazzi* ou des histoires d'amour, aux curiosités, aux caprices, aux ingratitudes du public. Si nous n'avons plus ce qu'il faut pour lui plaire encore, il n'a pas, à vrai dire, acquis ce qu'il faudrait pour nous attirer de nouveau. *Nous l'avons devancé dans la connaissance des hommes, des sentiments et des choses ; nous en savons plus long, nous voyons de plus haut et plus loin que lui;* ce que nous distinguons clairement, si nous voulions le lui montrer, lui apparaîtrait monstrueux, grotesque ou confus, car nos études et nos entretiens de chaque jour roulent sur des sujets qui ne lui sont pas familiers, qui lui sont même inconnus, et qui ne se prêtent *ni aux émotions, ni aux plaisanteries à hauteur d'homme ordinaire qu'il vient chercher au théâtre.* Quand il en sera arrivé individuellement aux mêmes réflexions que nous, ce n'est plus à nous qu'il viendra. Les passions que nous lui avons peintes alors que nous les éprouvions comme lui, qu'il a toujours, puisqu'il ne vieillit jamais dans sa masse et se renouvelle sans cesse, nous regrettons peut-être de ne plus les avoir, mais enfin nous ne les avons plus ; et nous sommes devenus froids pour ce qui exaltait jadis notre enthousiasme, indifférents ou indulgents pour ce qui excitait notre colère ; nous commençons à constater et à reconnaître la vanité des biens et des maux d'ici-bas ; le rire, dont nous étions si prodigues à l'encontre des sottises et des ridicules d'autrui, s'est envolé de nos lèvres; et si nous l'y rappelions de force, les flèches que nous lancerions reviendraient bien vite sur nous. Nous serions mille fois plus à bafouer que ceux dont nous nous moquerions, et qui auraient sur nous le grand avantage de se croire encore heureux de leurs erreurs, de leurs fautes, de leurs chagrins même. C'est l'heure où Racine s'isole, où sa poétique se trouble, où son âme s'inquiète, où sa conscience de chrétien s'alarme d'une gloire profane, tandis que son orgueil souffre encore de ses échecs, du mauvais goût et de l'ignorance de la foule, qui se pâme aux platitudes de Pradon. Il faut à l'auteur de *Phèdre*, honteux d'être comparé et immolé à ce qui est au-dessous de lui, dix ans de solitude, d'apaisement, de tristesse, pour devenir l'auteur d'*Athalie*, pour donner au drame chrétien de Corneille ce pendant biblique qui élèvera momentanément le théâtre jusqu'aux proportions et à la majesté du temple, tandis que la foule, assez étonnée et déconcertée pour qu'on la croie soumise et respectueuse, continuera à dire de l'un et de l'autre chef-d'œuvre : « C'est beau, mais ce n'est pas amusant ».

Cette page intéressante a été écrite à l'heure où l'homme commençait à sentir, comme il le dit, « la vieillesse qui s'avance et la mort qui s'annonce », à celle où il voyait son public lui échapper, et où il se persuadait volontiers — était-ce bien vrai ? — qu'il était arrivé trop haut, et le public resté trop bas, pour qu'on pût se rencontrer et s'entendre. Ne nous parle-t-il pas de « ces émotions et ces plaisanteries *à hauteur d'homme ordinaire*, que la foule vient chercher au théâtre ? » C'est le mot de tous ceux que la scène a déçus à quelque tournant de leur vie, et qui cherchent à mettre un baume sur leur amour-propre blessé. Je ne crois pas, d'ailleurs, je l'ai dit, que, dans un art illustré par des noms si élevés, l'écrivain ait à se montrer dédaigneux de son public, par cela seul qu'il a perdu l'oreille de cette foule, composée sans doute de beaucoup d'ignorants, mais toujours prête à comprendre ceux qui ont l'art de lui parler. L'histoire de *Phèdre* prouve qu'il y a souvent des malentendus entre le public et le poète ; mais les Racine malheureux ne devraient pas oublier que cette même foule, qu'ils maudissent, avait fait hier les Racine heureux.

C'est donc le découragement seul qui a dicté à Dumas ces paroles amères. Le poète peut en savoir plus que la foule, il le doit même ; mais c'est au contact de cette foule ignorante et naïve que son génie s'éveille et trouve son plein développement. Le public a toujours tort, pour nous, quand il nous fait un mauvais accueil ; mais où trouver le juge entre lui et nous ?

Déjà dans la préface du *Fils naturel*, Dumas, à l'aurore de la renommée, écrivait dans un mouvement d'humeur : « Bien à plaindre celui qui ne sait pas à quoi s'en tenir sur les foules, et qu'il y a juste assez de place pour son mépris ou sa pitié entre leur servilité ou leur ingratitude. » Ce mot est plus profond et plus juste que toutes les paroles que je viens de citer : oui, ce peuple est ingrat ; oui, il ne tient nul compte, à celui qui se trompe une fois, des jouissances artistiques que, tant de fois avant, il lui a prodiguées ; mais il n'y a pas, en somme, de juge moins prévenu ni moins faillible que le public. S'il se trompe un jour, c'est pour se ressaisir ensuite ; et c'est au seul public du lendemain qu'il faut faire appel des erreurs du public de la veille.

J'aurais pu finir, sur ce passage curieux et sur cette pensée de déclin, l'examen des préfaces de Dumas, si je ne trouvais, dans la préface générale, mise par lui en tête de son théâtre, quelques lignes qui m'amèneront mieux encore à ma conclusion :

« Un auteur, dit notre écrivain, parle toujours mal de son œuvre, et décidément, ce qu'il peut imaginer de mieux, une fois cette œuvre exécutée et livrée au public, c'est de se taire. En effet, elle doit contenir tout ce qu'il a voulu démontrer ; et l'expliquer, c'est l'avouer obscure, ce qui est clair n'ayant pas besoin d'être expliqué. »

Et, plus loin :

« Si mes pièces sont bonnes, elles survivront au temps présent ; si elles sont mauvaises, elles disparaîtront ; justice sera faite dans les deux cas ; tout ce que je pourrais dire n'y pourrait rien changer, et le monde continuera d'aller comme il allait et comme il va, ce qui ne sera peut-être pas le plus beau de son affaire. »

Je sais ce qu'on va me dire après cette citation : « c'est par là qu'il fallait commencer ce travail »; et cet extrait m'eût alors dispensé de continuer mon étude. On pourrait, en effet, croire, au premier abord, que ces paroles contredisent toute notre recherche, et que, mettant en application le dicton vulgaire : « A bon vin point d'enseigne », elles aboutissent à dire : « A bonne pièce, pas de préface ». Mais regardez-y de près; et vous verrez que ce passage confirme l'étude que nous venons de faire, bien loin de la contredire. J'ai écarté de mon travail toute la part que Dumas consacre à la défense personnelle de ses pièces et de ses idées morales et sociales. J'ai donc fait ce que je m'étais proposé, m'attachant aux théories générales, dont Dumas, à l'inverse d'autres excellents écrivains, est abondamment pourvu. J'y ai recherché tout ce qui touche la technique théâtrale; et, comme c'est sur ce terrain que j'ai commencé et poursuivi ma tâche, c'est là aussi qu'il convient de l'achever et de conclure.

Après avoir apparu comme un révolutionnaire, ce qui est, au début, le sort de tous les novateurs, et même de toutes les personnalités marquantes, Dumas est mort dans la peau d'un classique. Classique moderne, évidemment, ayant les idées, les aspirations, le style même de son temps; mais tel, du moins, par le respect des règles éternelles, que sa jeunesse traitait assez légèrement, et dont son âge mûr a reconnu la nécessité. Nous avons vu combien de fois le mot « métier », cette *tête de turc* de « certains jeunes », pour parler comme lui, revient sous la plume alerte de l'écrivain. Il est donc mort comme un sage, reconnaissant ces vérités nécessaires, dont la jeunesse souvent s'impatiente comme d'un lien, mais qui sont filles du bon sens et de la force des choses, non d'une vaine autorité, d'un caprice ou de la fantaisie.

Rien de plus normal que cette évolution. Que certains hommes se fassent gloire d'être de bronze, et se posent en héros antiques, pour n'avoir pas varié, dans leurs idées, depuis leur jeunesse jusqu'à leurs derniers jours ! Je le veux bien ; mais je m'en méfie, et suis tenté de voir en eux quelques Prud'hommes vains et majestueux. Se vanter d'une absolue intransigeance, c'est presque se décerner un brevet de sottise. Celui-là ressemble bien à un sot, en effet, qui aura vécu de longs jours sans que l'expérience ait influé sur ses idées ni que la vie lui ait jamais rien appris. A Dumas fils, elle devait beaucoup apprendre.

Me voici presque au bout de ma tâche, voulant terminer mes études sur le seuil de ce xx° siècle, où nous venons à peine d'entrer. On ne pourrait plus guère mentionner encore, au xix°, que de rares documents de ce genre, ayant fait, à leur heure, un certain bruit. Il y eut, par exemple, la préface de *Gaëtana*, sous l'Empire, dont il faut dire un mot, quoique About ne compte guère comme auteur dramatique. La jeunesse des Écoles ne pouvait pardonner à Edmond About quelques coups d'encensoir donnés au prince Napoléon et à la princesse Mathilde. *Gaëtana*, qui bénéficiait peut-être de leur protection, et qui n'était pas un chef-d'œuvre, tant s'en faut, fut alors jugée sans être entendue, et condamnée *ab irato*. Je puis le dire personnellement : j'ai assisté à une de ses représentations, dans une loge d'avant-scène, sans pouvoir en entendre un mot, tant était grand le bruit des sifflets, des cris d'animaux et des hurlements. Après des efforts infructueux pour se faire entendre, les comédiens durent abandonner la partie ; et les jeunes gens, sortant du théâtre, se mirent à parcourir les galeries de l'Odéon, en chantant, sur l'air de Marlborough :

> *Gaëtana* est morte,
> Est morte et enterrée !

Cela ressemble bien à un déni de justice ; et About eut beau jeu pour se plaindre. Aussi, comme il avait toujours le dernier mot en matière d'esprit, il imprima sa pièce, avec cette note, à la suite des mots « Acte 1ᵉʳ, scène 1ʳᵉ » — « C'est ici que le public impartial a commencé à siffler. »

On m'aurait peut-être reproché d'omettre cette préface, qui fit du bruit presque autant qu'en avaient fait les spectateurs de l'Odéon. Autrement, elle ne nous intéresse guère. About, qui n'était pas doué du sens dramatique, n'y aborde aucune question technique. Il défend sa pièce, et plutôt encore sa personne. Il rend coup pour coup, et se plaint, particulièrement d'avoir reçu « le coup de pied de M. Ulbach ». C'était se comparer à un lion. Ce qui est certain, c'est que cette préface n'est qu'une charge à fond de train contre ceux qui ont contribué ou applaudi à la chute de *Gaëtana*. Rien donc de cette région sereine où nous nous plaisons et où s'élaborent les idées générales.

Je dirai la même chose d'une lettre de l'auteur de *La Haine*, qui, elle aussi, causa quelque émoi, à l'heure où Victorien Sardou subit l'amertume d'une chute lourde, et qui nous semble encore imméritée. L'œuvre, d'abord, avait réussi très brillamment: c'était presque un triomphe; et dans une lettre à Auguste Vitu, publiée en tête de la brochure, l'auteur en témoigne une joyeuse émotion. Mais le public ne ratifia pas le jugement des spectateurs de la « première ». D'où une nouvelle lettre d'un ton sensiblement différent. L'écrivain, qui n'est pas un de nos théoriciens, y soulève bien une sorte de thèse littéraire ; mais c'est dans l'amertume de l'injuste condamnation, et la question personnelle occupe trop de place dans son plaidoyer. Sardou décharge sa colère et son indignation sur ce public, juge futile et corrompu, qui ne veut plus que des pièces à femmes et à spectacle, et n'a que dédain pour les œuvres littéraires et de haut style. Il y avait, dans ces doléances et cet écœurement, un grand fond de vérité et une plainte justifiée ; mais l'on ne pouvait s'empêcher de penser que l'auteur des *Merveilleuses* et du *Roi Carotte* était assez mal venu à se révolter contre une tendance qu'il venait lui-même d'encourager et dans le développement de laquelle il avait une part de responsabilité. *Le Roi Carotte* avait réussi à l'aide d'un *truc* resté fameux; et *Les Merveilleuses*, dépourvues d'intérêt scénique, avaient échoué sans honneur, et malgré les réclames qui recommandaient à l'attention des spectateurs les bijoux authentiques du temps du Directoire. Dans sa mauvaise humeur, Sardou avait oublié son Juvénal :

Quis tulerit Gracchos de seditione querentes ?

Aussi, bien qu'il eût raison au fond, l'écrivain ne vit pas les rieurs de son côté.

Théodore Barrière, à la chute de sa pièce de *Væ victis !* put manifester la même indignation, avec un droit mieux fondé à le faire. Dans sa préface, il dit : « Je ne sais pas déshabiller les femmes »; et ce mot cru était juste, car Barrière est un écrivain convaincu, qui n'a pas écrit, comme tant d'autres, cherchant et suivant la pensée du public, mais s'efforçant, au contraire d'amener le public à ses pensées à lui.

Quoi qu'il en soit, aucune de ces manifestations n'était de celles qui pouvaient nous arrêter ; je ne les mentionne donc que pour mémoire, et pour ne pas être accusé d'omettre des pages qui ont eu leur heure de célébrité dans cette fin du XIX° siècle.

Quel dommage que Pailleron, l'un des écrivains dramatiques français les plus charmants, ou, pour ne pas le louer d'un mot trop banal, les plus charmeurs, ne nous ait pas régalés de quelques bonnes préfaces, comme sa plume spirituelle eût su en faire ! De lui, je n'en sais qu'une, et bien courte : ce sont les quelques mots qu'il a mis en tête de son chef-d'œuvre, *Le Monde où l'on s'ennuie*. Il voulait s'y justifier de la peine qu'il avait causée à un honnête homme, légèrement ridiculisé par lui, en raison de ses succès connus auprès de nos modernes Philamintes :

« J'ai pris, dans les salons, nous dit-il, et chez les individus, les traits dont j'ai fait mes types ; mais où voulait-on que je les prisse ?

. . . .

« La comédie a ses droits, limités par le respect de soi-même, qui fait que l'on respecte les autres. J'ai la conscience de ne pas avoir dépassé cette limite. »

Est-ce bien vrai ? Et Pailleron ne fut-il pas un peu cruel pour l'homme qu'il désignait si bien que, dès le premier jour, chacun l'avait nommé? Aujourd'hui qu'ils sont morts tous deux, il faut le dire : cette limite, qu'il est d'ailleurs si malaisé de fixer, avait été un peu dépassée par l'auteur du *Monde où l'on s'ennuie*. Certes, il faut bien que l'auteur comique prenne ses traits où il les trouve et puise, *à même*, la vérité dans le monde qu'il traverse ; mais il serait à souhaiter qu'il ne portât jamais sur la scène une figure vivante reconnaissable, et qu'en cela il imitât les sculpteurs grecs, qui, pour représenter des figures typiques, combinaient les traits de plusieurs modèles. On ne peut jamais répondre qu'on *n'atteindra* pas quelqu'un sans le vouloir ; mais on ne doit *viser* personne.

A défaut de préfaces, je trouve, dans un volume d'Édouard Pailleron [1], quelques intéressantes idées théoriques, qui nous livreront un peu de ses pensées sur l'art dramatique. Je les rencontre ici dans une ravissante notice sur *Émile Augier*, son ami.

Pailleron accuse le théâtre contemporain d'avoir trop souvent « résolu lestement, en quatre actes et en trois heures, quelques-unes

---

1. Pièces et morceaux, 1897, chez Calmann Lévy.

de ces grandes questions sociales qui sont pendantes depuis des siècles ». Cette ambition lui semble d'une outrecuidance ridicule, et il félicite son confrère et ami Émile Augier de ne l'avoir pas connue : « Le bon sens d'Augier, dit-il, l'a gardé de ce travers. » Je ne lis pas ces mots sans quelque surprise, et, malgré toute l'estime que je professe pour la loyauté de l'écrivain dramatique que fut Augier, je me demande si l'éloge n'est pas un peu hasardé, tombant sur l'auteur des *Effrontés* et du *Fils de Giboyer*. Mais je n'entre pas en discussion avec Pailleron, dont la thèse me paraît très discutable, puisque, aussi bien, les *trois heures* de spectacle peuvent être le résultat d'une ou plusieurs années de réflexion. L'essentiel est que, partant de là, il nous fasse connaître comment il comprend son art et l'emploi qu'il en faut faire. Poursuivons donc cet éloge, qui me semble écrit encore moins *pour* Augier que *contre* Dumas :

« Il estimait que les fins de la comédie sont de plaire, d'intéresser et de toucher; mais que, pour prouver, il y a des enquêtes plus minutieuses, des procédures plus sérieuses, des formes plus sûres; il croyait fermement qu'il appartient à la raison, et non à la passion, de prononcer en ces matières graves. Il tenait pour insuffisant, et, en vérité trop facile, de faire triompher une opinion, en choisissant, pour la défendre, le plus sympathique, le plus éloquent personnage d'une pièce, tout en laissant le soin de l'attaquer au plus ridicule et au plus odieux, qui nécessairement n'y peut mordre. Il était persuadé, d'ailleurs, que le champ de la comédie, fermé à tout ce qui n'est pas simple, est encore assez large en le bornant à la peinture des caractères et des situations qui en découlent naturellement. »

Pailleron n'aimait pas les pédants, ce dont on ne saurait trop le louer ; il n'aimait pas les pièces à thèse, ce que je comprends, sans aller aussi loin que lui. Je l'ai dit plus haut, la thèse n'est pas à proscrire, à condition qu'on la dissimule sous une action vivante et bien dramatique. Ceci dit, Pailleron se demande comment, avec son bon sens, Émile Augier a pu réussir ; car, fait-il remarquer avec une extrême finesse, « c'est à l'imagination des hommes, bien plus encore qu'à leur raison, que doivent s'adresser ceux qui veulent les dominer ou leur plaire. »

« Quels coups faut-il frapper qui soient assez forts pour attirer l'attention du monstre, au milieu du tumulte assourdissant de l'universel cabotinage ? Quels gâteaux assez pimentés lui jeter pour flatter les houppes de son rude palais ? Quel langage lui parler, enfin, qu'il entende et qui le séduise ? Tous y ont pensé, Augier ne s'en est pas préoccupé un instant. Il est demeuré vrai, simple, net, logique, et a continué à créer des personnages, qui sont franchement ce qu'ils sont, ainsi que lui, et, ainsi que lui, d'une seule venue.

. . . .

« Comment donc, encore une fois, est-il arrivé si haut ? Il faut qu'il y ait, dans ce peuple, un fond de raison native, de bon sens solide, de goût obstiné, contre lequel ne peuvent prévaloir les tentatives faites pour l'égarer ou le corrompre. Il faut décidément qu'elle soit plus nombreuse qu'on ne le pense, la francmaçonnerie de ceux qu'on appelait autrefois les honnêtes gens, et qu'ils ne s'émeuvent guère de ce qui nous émeut tant. J'en tire cette double conséquence à la fois imprévue et consolante : que d'abord ce que nous appelons ambitieusement nos révolutions littéraires ne sont que des émeutes d'hommes de lettres, et qu'ensuite, chez nous, en ce qui concerne la littérature dramatique du moins, il y a une majorité de gouvernement. »

Ainsi, pour défendre son ami Émile Augier, Pailleron se trouve amené à soulever un coin du voile sous lequel il cache soigneusement ses idées et ses théories de pratiquant dramatique. Mais ne lui demandez rien de plus. Il n'est pas seulement l'homme qui écrit par instinct beaucoup plus que par principes : il pose même en principe qu'il n'y a pas de principes et qu'il ne saurait y en avoir. Corneille reconnaissait que les règles sont difficiles à définir, on pourrait ajouter qu'elles sont variables; mais, du moins, le grand homme avouait qu' « il est certain qu'il y a des règles, puisqu'il y a un art », ce qui semble mathématiquement et rigoureusement déduit. Pailleron ne veut pas le reconnaître; pour lui, faire une bonne pièce est une heureuse rencontre, une chance, non le fruit d'une étude, le produit d'une réflexion. Le mieux est, au reste, de lui laisser la parole. M. Abraham Dreyfus, qui, je crois, poursuivait alors une enquête littéraire, lui avait demandé comment on fait une pièce. Il répond :

« Je vais bien vous étonner peut-être, mais en mon âme et conscience, devant Dieu et devant les hommes, je vous déclare que je n'en sais rien, que vous n'en savez rien, que personne n'en sait rien, et l'auteur d'une pièce moins encore que personne.

« Le poète en mal de pièce est un être inconscient, et son œuvre est une œuvre d'instinct plus que de volonté.

« Croyez-moi, mon cher Dreyfus, en cela comme en toute chose, le plus malin fait ce qu'il peut, et, s'il réussit, il dit qu'il l'a fait exprès. Voilà la vérité. Au fond, un auteur sait quelquefois ce qu'il a voulu faire, rarement ce qu'il a fait; mais quant à savoir comment il l'a fait, ... je l'en défie[1]. »

Je crois que nous pouvons nous en tenir là avec Édouard Pailleron. Je le regrette sincèrement; mais le moyen de discuter théories et règles de l'art avec un homme qui émet une pareille profession de foi? Au fond, est-il bien sincère, et n'y a-t-il pas là un peu de paresse d'esprit chez un auteur heureux et admirablement doué, ne voulant pas se rendre compte du travail, à demi inconscient, mais très éclairé pourtant, qui se fait en lui, quand il écrit une pièce? Qu'une œuvre de théâtre soit bonne ou mauvaise, cela ne tient souvent qu'à un fil, si vous voulez; mais ce fil, on pourrait le cher-

---

1. *Comment on fait une pièce*, dans *Pièces et Morceaux*.

cher : Pailleron ne veut pas s'en donner la peine. Et cependant, il faut toujours en revenir à ce mot irréfutable de Corneille : « Il est constant qu'il y a des préceptes, puisqu'il y a un art; mais il n'est pas constant quels ils sont. » Édouard Pailleron s'est autorisé de la seconde moitié de cette phrase, pour ne pas vouloir se préoccuper de la première.

Me voici au terme de mon travail. Je m'arrête, je l'ai dit, au seuil du xx° siècle. Cette ère nouvelle s'inaugure, au théâtre, comme dans tous les arts en général, à travers le doute et les tâtonnements. Son programme, — si l'on peut donner ce nom à ses tendances, — c'est l'affranchissement de toutes règles, et la rupture complète avec le passé. Cela s'appelle viser l'irréalisable; car — Brid'oison a raison — on est toujours le fils de quelqu'un; et le passé exerce toujours son action sur nous, quoi que nous puissions dire ou faire.

Quant aux règles, vouloir s'en affranchir absolument, c'est encore tenter l'impossible, puisque — nous l'avons vu en suivant le cours des choses depuis Corneille jusqu'à Dumas fils — il est des règles nécessaires, qu'un auteur de talent devra suivre instinctivement, dût-il un instant vouloir les méconnaître et se persuader qu'il s'en est affranchi.

Ce ne sont, d'après Molière, que « quelques observations aisées que le bon sens a faites sur ce qui peut ôter le plaisir que l'on prend à ces sortes de poèmes. » Et notre écrivain, impatienté par les pédants de son temps, dont les jugements se bornaient à l'axiome : *magister dixit*, ajoute : « Le même bon sens qui a fait autrefois ces observations les fait fort aisément tous les jours sans le secours d'Horace et d'Aristote. » Cela est possible ; mais d'où vient l'impopularité particulière de ces deux grands hommes? Ils ne nous imposent pas des *dogmes*; la matière n'en comporte pas. Ils nous donnent les conseils que leur dictent leur expérience d'un art quasi immuable, et leur sagacité reconnue. Bon sens pour bon sens, celui de ces écrivains vaut bien et éclaire le nôtre. Leurs conseils ont d'autant plus de prix qu'ils ne sont pas partis d'idées préconçues pour arriver à des principes de fantaisie, mais de l'examen des choses pour pénétrer leur raison d'être. Pourquoi donc gaspiller le trésor d'observations qu'ils ont amassé pour nous ? Pourquoi imiter, comme dirait La Bruyère, « ces enfants drus et forts d'un lait qu'ils ont sucé, qui battent leur nourrice » ?

Concluons donc. Il y a, au théâtre, des lois nécessaires, des vérités inéluctables. Elles tiennent à l'essence même de cet art, aux conditions spéciales dans lesquelles il se produit ; elles sont de tous les temps et de tous les pays. Les enfreindre est folie, et conduit à un art bâtard qui n'a plus rien de commun avec ce que nous appelons l'art dramatique. Ces lois, les anciens les ont comprises et exposées avec une sûreté de vue magistrale. En les formulant, ils n'ont pas *créé* les règles, ils les ont simplement *découvertes*, comme un navigateur découvre un monde. Qu'ils en aient exagéré les rigueurs, qu'ils aient renfermé les auteurs dramatiques dans des limites trop étroites, je ne le conteste pas, et je trouve bon que nous ayons su nous affranchir des obligations prescrites dans ce qu'elles ont d'excessif et d'insuffisamment justifié. Les besoins de l'unité, par exemple, ont été fort outrés par eux, ou plutôt, par leurs sectateurs maladroits ; mais, j'ai eu à le dire, ce n'est là que l'exagération d'une idée juste ; et une certaine *unité* est nécessaire à l'œuvre de théâtre, où l'auteur ne saurait, par exemple, dédoubler son action, sans s'exposer à ne plus être suivi par ses auditeurs désorientés.

Prenons donc garde de nous affranchir de toute contrainte, puisqu'il est des contraintes nécessaires; n'arrachons pas le bon grain avec l'ivraie. C'est à l'auteur à être son propre juge, avant d'affronter ce juge sans appel qu'est le public. L'évolution subie, à cet égard, par Alexandre Dumas fils, est instructive et parlante. Si nous n'étions pas arrivés à une époque d'orgueil littéraire immense et sans frein, si les ennemis du « métier » n'étaient pas de purs descendants de ce marquis de Mascarille, qui « savait tout sans avoir jamais rien appris », cette histoire d'un de nos premiers écrivains de théâtre donnerait fort à réfléchir et parlerait bien haut.

L'art dramatique a sa part de métier comme tous les autres arts, et plus difficile même que ne l'ont tous les autres. Ce métier ne s'acquiert que par l'étude, la volonté, la patience. On peut s'improviser épistolier, narrateur : on ne s'improvise pas auteur dramatique. Et qu'on ne me dise pas que je me contredis, parce que j'ai reconnu qu'il faut *naître* auteur dramatique. Oui, l'on *naît*, ou l'on ne *naît* pas auteur dramatique; mais ceux mêmes qui sont nés tels ne développent que par une étude patiente leurs qualités primordiales. C'est le bâton de maréchal dans la giberne : encore faut-il l'en faire sortir.

C'est pourtant, aujourd'hui, une absurdité courante, de dire que le métier tue le génie : tout au contraire, il en est le compagnon et le serviteur nécessaire. Qu'on prenne, dans l'antiquité, Eschyle, Sophocle, Euripide, Aristophane, Plaute ; dans les temps modernes, Molière, Corneille, Racine, Shakespeare, Gœthe : je défie qu'on me cite *un seul* de ces grands hommes qui ne soit pas devenu ce qu'il a été par l'accord même de ces deux facteurs : le génie et le métier. On ne me contestera pas qu'*OEdipe-Roi* soit une œuvre de génie : eh bien ! je sais peu d'écrits de théâtre où le métier soit plus visible et plus parfait. Shakespeare lui-même, en dépit de ses incohérences, est plein de métier, et d'un métier profond. Je ne pense pas qu'on m'objecte le second *Faust* de Gœthe. Et qui jamais, en dépit de sa forme dialoguée, s'est avisé de voir dans le second *Faust* quoi que ce soit qui ressemble à une œuvre de théâtre ?

Des œuvres de théâtre, dignes de ce nom, j'en cherche dans la production actuelle, et j'en trouve bien peu. Tout le monde a cette sensation que, bien que livré à des écrivains de grand esprit et de grand talent, l'art théâtral se meurt et n'existera bientôt plus. Bien conduire de très jolies scènes, y semer l'esprit à pleines mains, y prodiguer même l'observation, c'est faire une œuvre littéraire intéressante ; ce n'est pas écrire une œuvre dramatique. L'œuvre de théâtre ne vit pas par la suite, indépendante et fantaisiste, des meilleures scènes, comiques ou tragiques, mais par leur enchaînement, leur lien nécessaire, leur acheminement vers un but donné. Tout cela exige, en somme, une étude, un *métier*, que notre époque, livrée à l'impressionisme, ne comprend plus guère, et devant lesquels sa hâte de produire, disons mieux, sa paresse, recule.

J'ai grand'peur d'avoir, avec ce dernier mot, touché au fond des choses : c'est notre paresse, notre impuissance peut-être, que nous érigeons en système. Il nous semble plus aisé de diviniser nos défauts que de nous en corriger. Nous affectons de ne pas suivre nos anciens, parce que nous n'avons plus le courage de le faire. Puis, la vie à l'américaine ne comporte plus les études consciencieuses ni les longues patiences. N'est-ce pas à tout cela que nous devons, au fond, cette horreur de « la pièce bien faite », qui est aujourd'hui le fond le plus clair de la doctrine pour beaucoup de nos critiques de théâtre? Mais, je le répète, tous les chefs-d'œuvre des grands écrivains dramatiques sont des *pièces bien faites.* Il me serait facile de le prouver : la sagacité de mes lecteurs y suppléera.

C'est pour avoir oublié ces principes, si clairs et si simples, que notre génération n'écrit plus, au théâtre, d'œuvres qui durent. Nous ne manquons cependant pas d'hommes de talent, ni même de fins et ingénieux observateurs, surtout dans l'observation des vilains sentiments et ce qu'on est convenu d'appeler, d'un mot odieux, le genre « rosse »; mais nous manquons d'artisans laborieux, de dramaturges patients et consciencieux. Nous avons souvent de ravissantes fantaisies; mais nous n'avons plus de *pièces.* La race des auteurs dramatiques a presque entièrement disparu. Renaîtra-t-elle? Il est permis de se le demander.

FIN

TABLE DES MATIÈRES

Préface. xi

CHAPITRE PREMIER

Les Écrivains dramatiques du xviie siècle 1

CHAPITRE II

Les Écrivains dramatiques du xviiie siècle 77

CHAPITRE III

Les Écrivains dramatiques du xixe siècle. 169

E. GREVIN. — IMPRIMERIE DE LAGNY

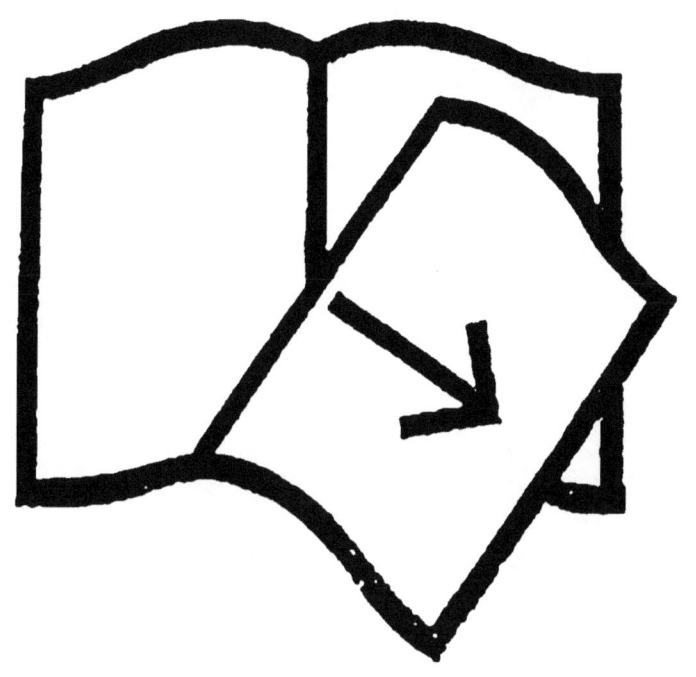

Documents manquants (pages, cahiers...)
NF Z 43-120-13

www.ingramcontent.com/pod-product-compliance
Lightning Source LLC
Chambersburg PA
CBHW071245160426
43196CB00009B/1173